JOHN, YOKO E EU

JOHN, YOKO E EU

ELLIOT MINTZ

Traduzido por Fabiano Morais

SEXTANTE

Título original: *We All Shine On: John, Yoko, and me*
Copyright © 2024 por Elliot Mintz
Copyright da tradução © 2025 por GMT Editores Ltda.

Todos os direitos reservados. Nenhuma parte deste livro pode ser utilizada ou reproduzida sob quaisquer meios existentes sem autorização por escrito dos editores.

Foto p. 17 e 18: © Bob Gruen/www.bobgruen.com. Foto p. 61 e 62: cortesia do autor.
Foto p. 109 e 110: Richard Creamer/Michael Ochs Archives.
Foto p. 145 e 146: cortesia da fotógrafa Nishi F. Saimaru e do autor.

coordenação editorial: Sibelle Pedral
produção editorial: Carolina Vaz
preparo de originais: Midori Hatai
revisão: Guilherme Bernardo e Milena Vargas
diagramação e adaptação de capa: Ana Paula Daudt Brandão
capa: Vi-An Nguyen
imagem de capa: © Yoko Ono Lennon/Nishi F. Saimaru; fotografia de Nishi F. Saimaru
impressão e acabamento: Lis Gráfica e Editora Ltda.

CIP-BRASIL. CATALOGAÇÃO NA PUBLICAÇÃO
SINDICATO NACIONAL DOS EDITORES DE LIVROS, RJ

M627j
    Mintz, Elliot, 1945-
      John, Yoko e eu : um retrato íntimo e revelador do casal mais célebre do planeta /Elliot Mintz ; tradução Fabiano Morais. - 1. ed. - Rio de Janeiro : Sextante, 2025.
      224 p. ; 23 cm.

    Tradução de: We all shine on : John, Yoko, and me
    ISBN 978-85-431-1023-3

      1. Lennon, John, 1940-1980. 2. Ono, Yoko, 1933-. 3. Lennon, John, 1940-1980 - Amigos e companheiros. 4. Ono, Yoko, 1933- - Amigos e companheiros. 5. Mintz, Elliot, 1945- - Amigos e companheiros. 6. The Beatles (Conjunto musical). I. Morais, Fabiano. II. Título.

25-95765
    CDD: 782.421660922
    CDU: 929:78.011.26

Meri Gleice Rodrigues de Souza - Bibliotecária - CRB-7/6439

Todos os direitos reservados, no Brasil, por
GMT Editores Ltda.
Rua Voluntários da Pátria, 45 – 14º andar – Botafogo
22270-000 – Rio de Janeiro – RJ
Tel.: (21) 2538-4100
E-mail: atendimento@sextante.com.br
www.sextante.com.br

Para John, Yoko e Sean

SUMÁRIO

INTRODUÇÃO: Edifício Dakota, fevereiro de 1981 — 9

PARTE UM: PLEASE PLEASE ME — 17
UM: Laurel Canyon, 1970 — 19
DOIS: Los Angeles, 1971 — 29
TRÊS: Los Angeles, 1971 — 39
QUATRO: Ojai, 1972 — 50

PARTE DOIS: MAGICAL MYSTERY TOUR — 61
CINCO: São Francisco, 1972 — 63
SEIS: Laurel Canyon, 1972 — 78
SETE: Los Angeles e Nova York, 1972 a 1973 — 92
OITO: Nova York e Los Angeles, 1973 — 101

PARTE TRÊS: CUT PIECE — 109
NOVE: Los Angeles, 1973 a 1974 — 111
DEZ: Los Angeles, 1974 — 123
ONZE: Los Angeles e Nova York, 1974 — 134

PARTE QUATRO: DOUBLE FANTASY 145

DOZE: Nova York, 1976 147

TREZE: Japão, 1977 159

CATORZE: Edifício Dakota, 1979 a 1980 175

QUINZE: Los Angeles e Edifício Dakota, 1980 185

EPÍLOGO: Edifício Dakota, 1981 200

Agradecimentos 206

INTRODUÇÃO
Edifício Dakota, fevereiro de 1981

Tenho nas mãos um par de óculos. São antigos, feitos de fio de aço e perfeitamente redondos. Algumas pessoas os apelidavam de "óculos de vovó", embora estes sejam da marca Panto 45, produzidos originalmente por uma antiga fábrica inglesa chamada Algha Works.

Não me sinto à vontade para colocá-los – de alguma forma, não pareceria adequado –, então, em vez disso, seguro-os na altura dos olhos e espio pelas lentes. Mesmo sem deslizá-los até o topo do nariz, os óculos me dizem algo sobre a maneira como John Lennon enxergava o mundo, algo sobre o qual eu não pensei muito enquanto ele era vivo.

A visão dele era péssima – pior do que eu imaginava.

Este é o 26º par de óculos de John que eu examino nesta noite de neve, em fevereiro de 1981. Cerca de dois meses se passaram desde que ele foi morto a tiros em Nova York, em frente ao Dakota, o edifício gótico de tijolos e arenito de 140 anos localizado na esquina da Rua 72 Oeste com a Central Park West, onde ele e Yoko Ono moravam desde 1973. Fiquei responsável por organizar o inventário de seus bens pessoais – livros, carteiras, pastas, desenhos, cartas, artes, fotografias, instrumentos musicais e, sim, os óculos de vovó – as dezenas de pares que ele possuía, em todas as cores do arco-íris. O objetivo era que Yoko (e a posteridade) soubesse exatamente o que ele havia deixado.

Essa triste tarefa ocupa várias semanas da minha vida, entre a meia-noite e as seis da manhã – nesse horário, é menos provável que eu seja perturbado pelo pequeno exército de assistentes e outros membros da equipe que circulam atarefados pelos vários apartamentos de John e Yoko no Dakota. Trabalho quase o tempo todo no subsolo do edifício, que mais parece uma cripta. Estamos no auge do inverno e não há aquecimento nesta catacumba subterrânea, que servia de estábulo numa época em que Nova York era uma cidade onde se andava a cavalo e em carroças. Nos últimos anos, o subsolo do edifício foi convertido em depósito para seus inquilinos ricos. É tão frio e úmido que consigo ver minha respiração enquanto examino a vasta coleção de artefatos de John e Yoko. Com os dedos dormentes, registro cada item em um número cada vez maior de cadernos que, no futuro, serão transcritos e impressos em dois volumes de quinhentas páginas cada um.

Não pedi para ter essa função. Certamente não queria fazer nada disso. Para começar, eu moro a 4 mil quilômetros do Dakota, em Los Angeles, onde apresento um programa noturno de entrevistas numa rádio. Organizar o inventário dos bens de John significa atravessar o país várias vezes, o que, até para alguém relativamente jovem – tenho 30 e tantos anos a essa altura –, pode se tornar muito cansativo.

Mas foi o que Yoko me pediu para fazer, e raras vezes fui capaz de dizer não a ela, quanto mais a John. Esta era, na verdade, a história da minha vida: fazer o que John e Yoko me pediam. Se ao menos eu *tivesse* aprendido a dizer não – se tivesse resistido à misteriosa atração magnética que ambos exerceram sobre mim por tantos anos, quase desde o exato momento em que nos conhecemos no meu programa de rádio, em 1971 –, eu talvez tivesse dado um rumo bem diferente à minha vida. Poderia ter tido uma existência mais equilibrada e tradicional. Poderia ter me casado, tido filhos ou até feito amigos mais convencionais, que não mantivessem segredos extraordinários que eu precisasse proteger de olhos alheios.

Se é que "amigos" era a palavra certa para descrever John e Yoko.

A LÍNGUA INGLESA CONTÉM cerca de 170 mil palavras, e, mesmo assim, nunca encontrei uma única que descrevesse com precisão os pormenores estranhos e as nuances bizarras que marcaram meu relacionamento com John e Yoko. Ao longo dos nove anos que passei com John até sua morte e dos outros quarenta que convivi com Yoko depois disso, desempenhei vários papéis nos dramas por vezes intrigantes, por vezes enlouquecedores, mas sempre complexos, que ambos criavam para nós três. Eu era um confidente discreto, um quebra-galho, um assessor de imprensa (embora nunca tenha sido oficialmente contratado por nenhum dos dois, mesmo depois da morte de John), um investigador, um ouvinte, um companheiro de viagem, uma conexão com o mundo externo, uma babá (não para Sean, o filho pequeno deles, mas para John, que parecia precisar também) e, acima de tudo, alguém sempre disponível para falar ao telefone e que passou literalmente centenas de horas com eles em épicas chamadas de longa distância que chegavam a durar 7 horas ininterruptas.

Eu sei como me sentia em relação a John e Yoko: eu os amava como se fossem da minha família. Gostaria de afirmar que eles também me viam dessa forma – espero que sim –, mas, de novo, nunca tive certeza do que sentiam de verdade. Só sabia que, quando eles me ligavam, o que faziam com frequência, eu me sentia na obrigação de atender. Nos anos que passamos juntos, ninguém falou com eles mais do que eu. Nunca saberei ao certo por que me procuravam tanto, mas sempre dei o meu melhor para ser um amigo de verdade. Até nos momentos mais desafiadores, eu estava presente para ambos, me recusando a tomar partido e dizendo verdades que talvez fossem difíceis de ouvir. Eles confiavam em mim e eu confiava neles, em um relacionamento e um compromisso quase sempre preenchidos com alegria. Mas, nos últimos meses, tinham se tornado algo opressivo.

Neste momento, em fevereiro de 1981, a pedido de Yoko, a função que exerço na calada da noite é a de arquivista e escrevente.

Eu a executo com uma frieza robótica ou, pelo menos, o mais próximo possível disso. É a única maneira que encontro para lidar com o horror desta tarefa: descobrir e examinar – *tocar*! – os pertences que John deixou, tudo que resta do homem que, durante tanto tempo, esteve no centro do meu mundo e do meu coração.

Por mais angustiante que seja, é um trabalho de vital importância. Nos dias e nas semanas após a morte de John, passei bastante tempo em Nova York ajudando Yoko a tratar das consequências práticas do assassinato: falar com a imprensa, lidar com a polícia e com os enxames de oportunistas que subitamente surgiram na propriedade do casal. Enquanto eu zanzava pelos apartamentos – dois imóveis gigantescos no sétimo andar do Dakota, além de unidades em outros andares do edifício –, comecei a notar que alguns dos objetos de John estavam sumindo. Não as coisas obviamente valiosas, nada que chamasse muita atenção, mas pequenos artigos pessoais dos quais ninguém sentiria falta de imediato. Por exemplo: John deixava um rádio toca-fitas em uma mesinha lateral no quarto deles para ouvir música ou palestras. Certo dia, não estava mais lá.

Suspeitei que havia um ladrão entre nós.

A meu ver, esses pequenos roubos eram previsíveis: qualquer coisa que tivesse pertencido a John ou que tivesse sido meramente tocada por ele ganhava um valor financeiro extraordinário, ainda mais depois de sua morte. Um simples desenho que ele tivesse rascunhado de repente poderia render muito dinheiro. Outros itens mais importantes – como os cinco volumes dos seus diários pessoais que ele escondia debaixo da cama – teriam um valor inestimável, algo que descobriríamos da pior forma mais tarde, quando eles *de fato* foram roubados. Yoko não queria que os pertences de John fossem parar no mercado clandestino. Esse foi um dos motivos por que ela me pediu para catalogar tudo que tivesse sido dele.

Assim, ajeito meu cachecol de lã, que mal me protege do ar gelado do subsolo do Dakota, e volto a trabalhar. A luz aqui embaixo é péssima, e o piscar intermitente das lâmpadas fluorescentes penduradas no teto me dá dor de cabeça. O Dakota é um prédio bonito, em estilo neorrenascentista, mas, para ser franco, é também um pouco sinistro – não por acaso, Roman Polanski escolheu seu exterior para filmar a residência de Mia Farrow em *O bebê de Rosemary* –, especialmente tarde da noite e naqueles pisos inferiores que mais parecem masmorras. Após 3 ou 4 horas, acho que já está bom. Reúno meus cadernos e sigo para o velho elevador que me levará de volta para o calor e o relativo conforto do sétimo andar, onde continuo minha catalogação noturna abrindo todas as portas, gavetas e armários que encontro nos amplos apartamentos de John e Yoko.

Em um closet, descubro alguns dos velhos trajes de John: o uniforme paramentado, inspirado na farda do Exército britânico, que ele usou na capa do álbum *Sgt. Pepper's Lonely Hearts Club Band*, e o terno Chesterfield que ele e seus companheiros de banda vestiram em sua primeira apresentação no *The Ed Sullivan Show*. Registro as duas peças. Em outro apartamento, encontro arquivos de aço pretos contendo uma pasta cheia de bilhetes de amor para Yoko, escritos enquanto John estudava na Índia com o guru Maharishi, e outra repleta de antigas Polaroids. (John foi um dos pioneiros da fotografia instantânea, tirando algumas das primeiras selfies do mundo, incluindo, sabe-se lá por quê, muitas fotos de seus próprios pés.) Registro tudo isso também.

Alguns dos artigos com que me deparo parecem bizarros, descombinados. Por exemplo: a princípio não sei o que fazer com os móveis serrados ao meio que encontro no porão – metade de uma cadeira e metade de uma mesa –, ou com um tabuleiro de xadrez todo branco que tem apenas peças brancas. Só mais tarde descubro que esses objetos fizeram parte de várias exposições de arte de Yoko, incluindo a célebre *Half-A-Wind Show*, na Lisson Gallery, em West London, em 1967.

Em um quarto destrancado de um dos apartamentos, encontro a inestimável coleção de guitarras de John. Conto uma por uma, incluindo a Rickenbacker 325, a Yamaha Dragon, a Gibson J-160E, a Fender Telecaster e a Ovation Legend, e relaciono todas em meu caderno. (Mais tarde, vou passar um bilhete por baixo da porta do quarto de Yoko, insistindo para que ela instale uma fechadura mais robusta naquele quarto.)

Em um trabalho arqueológico memorável, dou de cara com caixas de papelão cheias de fitas cassete contendo horas de gravações inéditas: John ao piano enquanto criava a melodia de algumas de suas canções mais famosas; suas reflexões enquanto trabalhava em letras, gravações de ensaios e versões acústicas em diversos estágios de desenvolvimento; entrevistas, palestras e recordações de sua infância em Liverpool, supostamente para uma autobiografia que ele nunca chegou a escrever. Com a permissão de Yoko, divulgarei muitas dessas gravações históricas em um programa de rádio semanal, *The Lost Lennon Tapes*. Os 219 episódios serão transmitidos nacionalmente na Westwood One Radio Network, e milhões de pessoas vão ouvir aquela que talvez seja a primeira (e certamente mais longa) faixa bônus da história.

Meu quartel-general, enquanto realizo essa operação colossal de catalogação, é um quarto na residência principal. Na verdade, é o mesmo cômodo onde John e Yoko dormiam e passavam a maior parte do tempo em que viveram juntos no Dakota, e onde eu às vezes me sentava com eles, esparramado em uma cadeira de vime branca ao pé da cama – um colchão grande sobre uma chapa de compensado de madeira apoiada em dois antigos bancos de igreja –, durante longas noites em que conversávamos sobre tudo, desde história até metafísica. Por motivos óbvios, Yoko agora evita esse cômodo e se mudou para outro quarto depois do assassinato. É exatamente por isso que eu o escolhi como base. Antes o refúgio sagrado dos dois, ele acabou se tornando um quarto de hóspedes banal, que poucos visitam, o local mais isolado do sétimo andar.

Yoko mandara retirar do quarto a maior parte dos móveis, embora, por motivos que nunca esclareceu, tenha deixado minha cadeira de vime onde sempre estivera. É estranho ver um espaço tão familiar esvaziado com tanta frieza, mas logo preenchi o local com mesas e outros artigos de escritório. Instalei câmeras VHS, microfones, gravadores e uma série de monitores, transformando o cômodo em um estúdio audiovisual caseiro, com o único propósito de realizar o inventário. Quero documentar em áudio e vídeo todo o processo de catalogação, por isso trago cada item encontrado para este quarto e gravo-o nas fitas. Sei que tanto zelo deixa alguns membros da equipe de Yoko intrigados – eles pensam que estou exagerando –, mas para mim é fundamental que o processo seja totalmente transparente, ainda mais se levarmos em conta tudo o que já desapareceu desde a morte de John.

Nesta noite de fevereiro em especial, o quarto transformado em estúdio está tão silencioso que quase consigo ouvir a nevasca lá fora. Eu me sento na cadeira de vime e esfrego os olhos cansados, pensando no que encontrei e, em particular, nos vários pares de óculos de John. Quando espiei pelas lentes, vi o mundo pelos olhos muito míopes dele. Agora, não consigo deixar de considerar que sua péssima visão talvez fosse um dos segredos da sua genialidade. Quem sabe essa visão embaçada do mundo lhe permitisse visualizar o universo com uma lucidez que escapava aos mortais que enxergavam bem. Talvez ele compreendesse um lado da realidade – belo, surreal e fantástico – oculto para aqueles de nós amaldiçoados com uma visão perfeita.

Percebo então um objeto no quarto, encostado em um canto, que me arranca de minhas reflexões. É algo que em geral me esforço para ignorar, algo que venho evitando nas últimas semanas, desde o dia em que os representantes do Roosevelt Hospital o deixaram no Dakota, com o cuidado de quem entrega um cristal delicado. É um saco de papel grosso, dobrado sobre a boca e grampeado várias vezes. Ali dentro estão as roupas que John usava quando foi assassinado: calças, uma jaqueta de couro preta, uma camisa ensanguentada e, o mais impactante, um par de óculos salpicados de sangue, junto com alguns itens que ele carregava nos bolsos.

Não registro esses itens. Mal consigo me obrigar a abrir o saco, que dirá filmar seu conteúdo. Inclusive finjo que ele nem sequer está ali. Só que nesta noite, por algum motivo desconhecido, me permito olhar para o saco por alguns segundos a mais. É um grande erro.

O saco de papel faz minha imaginação descer a profundezas sombrias, nefastas. Embora eu estivesse do outro lado do país no momento em que tudo aconteceu, à toa em minha casa modesta em Laurel Canyon, consigo vislumbrar os últimos instantes de John. Visualizo o rapaz perturbado de 25 anos, fã do livro O *apanhador no campo de centeio*, que logo se tornaria um assassino, mirar e disparar seu revólver Charter Arms calibre .38. Imagino as balas de ponta oca ilegais que ele havia adquirido rasgarem o corpo de John, dilacerando partes inteiras de seu tórax. Ouço os gritos de Yoko, o vidro se espatifando, o baque do rosto de John contra a calçada.

Demoro-me tempo demais nessas visões nauseantes, incapaz de afastá-las da cabeça, enquanto olho para o saco grampeado no canto do quarto. Como um personagem trágico em um conto de Edgar Allan Poe, fico hipnotizado por aquele saco de horrores que guarda uma história terrível... até que, sabe-se lá quantos minutos depois, noto a maçaneta de latão pesada na porta do quarto girar lentamente. Fico observando enquanto ela se move pouco a pouco, de modo quase imperceptível, como em uma cena de um filme noir clássico. Isso é muito incomum. Ninguém mais vem a este quarto além de mim, com certeza não tão tarde da noite. Endireito as costas, meu coração começando a acelerar conforme a porta se abre como se fosse em câmera lenta.

Com a escuridão do corredor, não consigo enxergar quem é. A princípio, me pergunto se não é uma criança: a silhueta é minúscula, como se fosse um pingo de gente. Por um instante, chego a brincar com a ideia de que seja um fantasma. O Edifício Dakota tem um longo histórico de assombrações; a visão de uma garotinha há muito morta quicando uma bola pelos corredores já foi relatada em várias ocasiões, inclusive pelo próprio John. Então de repente o vulto entra no quarto.

– Olá, Elliot – diz ela, em um sussurro suave.

Ela não se parece nada com a Yoko que você viu nas revistas ou na televisão, a artista mordaz, de vanguarda, com óculos de sol fechados nas laterais. Está vestindo um robe e calçando chinelos, o cabelo comprido e preto embaraçado, e parece ainda menor do que o habitual. Desde a morte de John, ela mal tem comido; está tão magra e frágil que chega a ser alarmante. Embora, como eu, ela sempre tenha sido uma espécie de animal noturno, tampouco tem dormido muito, o que provavelmente explica por que está andando pelo sétimo andar às quatro da manhã feito uma aparição.

– Olá, Yoko – cumprimento, depois de recuperar a compostura. – Precisa de alguma coisa?

Seu rosto, que nunca fora muito fácil de interpretar, está quase totalmente inexpressivo. Ela fica parada na soleira da porta por longos instantes, perscrutando o quarto, até fixar o olhar na minha direção. Parte de mim quer lhe dar um abraço – ela parece estar precisando muito –, mas Yoko não é chegada a abraços. Raramente demonstra afeto.

– Não – diz ela –, não preciso de nada, Elliot.

Mais uma longa pausa, em que encaramos um ao outro em um silêncio perturbador.

– Yoko? – chamo, enfim. – O que está fazendo aqui?

Ela deixa escapar a leve sombra de um sorriso.

– Eu só queria dar um alô – responde ela.

Em seguida, recua em direção ao corredor escuro, deixando-me sozinho para refletir, como aconteceu tantas outras vezes, sobre o enigma do sorriso de Yoko Ono.

PARTE UM

PLEASE
PLEASE ME

UM

Laurel Canyon, 1970

Era uma vez um lugar chamado Laurel Canyon.
    O lugar ainda existe, é claro. Basta sair da Sunset Boulevard na direção norte, pegar a Laurel Canyon Boulevard, subir a colina por cerca de 1 quilômetro e meio, passar pela Canyon Country Store e você vai parar em um bairro com esse nome.

Mas não é Laurel Canyon. Pelo menos, não o Laurel Canyon que eu conheci na década de 1970.

De tempos em tempos, certos pontos geográficos se tornam epicentros de criatividade, inspiração e inovação. Paris na década de 1920. Chicago na década de 1930. Nova York na década de 1950. E, na década de 1970, o ponto do planeta que parecia atrair feito um ímã os melhores e mais brilhantes artistas do mundo, sobretudo na indústria da música, era aquele enclave falsamente pacato, aninhado tal qual um jardim secreto entre o San Fernando Valley e o que então era o coração vacilante da velha Hollywood.

Quando me mudei para o bairro no fim da década de 1960, eu não fazia ideia do que estava prestes a viver. Eu era um jovem radialista de 20 e poucos anos, saltando de estação em estação de rádio em Los Angeles e recebendo seguros-desemprego entre cada temporada, e precisava de um lugar barato para morar. Naquela época, Laurel Canyon era a zona boêmia da cidade, o primo pobre dos bairros de Benedict Canyon e Coldwater Canyon, mais próximos do luxo de Beverly Hills. A modesta casa de dois andares em que me instalei na Oak Court, uma rua de terra batida sem saída, me custava 300 dólares por mês. Tinha talvez uns 80 metros quadrados, com uma cozinha diminuta, em que mal dava para fritar um ovo. Ficava no alto de uma ladeira tão íngreme que era preciso subir uma montanha de degraus precários para chegar ao topo. Por sorte, o proprietário havia instalado um "elevador" – uma espécie de funicular elétrico – que partia do nível da rua e levava até a entrada da casa. Isso quando funcionava.

O que me atraiu para a área, além do preço, foi o charme rústico do bairro. A casa ficava a apenas 5 minutos de carro colina acima da Sunset Strip, que, mesmo naquela época, era um centro urbano fervilhante. Porém, ao chegar ao topo, você se via de repente em uma floresta encantada de sabugueiros e eucaliptos, cujas copas cobriam tudo ao redor. Lá embaixo, semáforos, batidas de carros, escapamentos fumegantes e sirenes de polícia. Lá em cima, beija-flores, borboletas e coelhos, um santuário bucólico onde o aroma calmante do jasmim (e muitas vezes de maconha) perfumava o ar.

Naqueles primeiros meses, enquanto passeava pela minha nova vizinhança com meu melhor amigo na época, um filhote de setter irlandês que batizei de Shane em homenagem a um dos meus personagens de cinema favoritos, comecei a perceber que Laurel Canyon era muito mais do que um lugar pacato para fixar residência. Para começar, quase todo mundo deixava as portas abertas, literal e figurativamente. Apesar dos terríveis assassinatos da Família Manson apenas um ano antes no bairro vizinho – uma tragédia que espalhou medo e paranoia por Los Angeles –, ali ainda era um verdadeiro paraíso. Estranhos não só sorriam e me cumprimentavam ou faziam o sinal da paz quando nos cruzávamos na rua como também às vezes paravam para conversar ou até me convidavam para um lanche na casa deles. É claro, eram outros tempos, quando as pessoas confiavam mais umas nas outras – tempos de miçangas, calças bocas de sino e tranças no cabelo –, mas, mesmo entre o fim da década de 1960 e o início da de 1970, aquela cordialidade toda era espantosa.

Além disso, quase sempre havia música saindo pelas janelas abertas de quase todas as casas e chalés. E não era música antiga, mas sons novos e empolgantes, harmonias angelicais e riffs em estilo folk cheios de suingue. Quando comecei a conhecer e fazer amizade com as pessoas que viviam ali – Joni Mitchell, Linda Ronstadt, Carole King, David Crosby e Stephen Stills, para mencionar apenas alguns de meus vizinhos mais próximos –, aos poucos percebi que não morava em uma zona residencial qualquer. Eu tinha ido parar bem no meio de uma vibrante área de renascimento musical.

Alguns dos habitantes já eram celebridades. Micky Dolenz, que morava em uma mansão na Horse Shoe Canyon Road, e David Cassidy, que vivia na Cole Crest Drive, já estrelavam programas de TV de sucesso em 1970: *The Monkees* e *A Família Dó-Ré-Mi*. Mas muitos dos futuros superastros da música que viviam em Laurel Canyon ainda não tinham alcançado a fama mundial que logo experimentariam. Alguns, como Frank Zappa (outro vizinho), já haviam assinado seus primeiros contratos com gravadoras. Outros ainda lutavam para encontrar seu som e pagar o aluguel. Mas, para mim, todos eles, famosos ou não, eram apenas o pessoal que morava por ali, meus vizinhos surpreendentemente cordiais.

Algo que quase todos tinham em comum em Laurel Canyon era o fato de não serem naturais daquele bairro: tínhamos decidido nos mudar para lá, vindos por vezes de lugares distantes. Zappa veio de Baltimore. Mitchell foi criada no Canadá. Ronstadt nasceu no Arizona. Minha jornada começou na cidade de Nova York. Meu pai, um imigrante polonês, fez carreira no setor de vestuário, abrindo uma confecção de casacos e paletós para mulheres *plus size*. Ganhava o suficiente para pagar por um pequeno mas confortável apartamento de dois quartos – minha irmã mais nova e eu compartilhávamos um deles – em Washington Heights, que, na década de 1950, era um bairro onde as famílias judias que davam os primeiros passos rumo à classe média costumavam comprar suas primeiras propriedades.

Eu era, para dizer o mínimo, um candidato improvável para uma carreira no rádio. Primeiro porque, por volta dos 15 anos, desenvolvi uma gagueira severa. Além disso, tinha um forte sotaque nova-iorquino, o que tornava minha fala deselegante. Era muito menor e mais franzino do que a maioria dos meus colegas da escola, o que, aliado às minhas dificuldades de fala, me transformava em alvo dos valentões; isso me deixou ainda mais tímido e sem jeito na presença de estranhos. A perspectiva de falar diante de outras pessoas, mesmo que para pequenos grupos em sala de aula, era apavorante. Eu tinha até pesadelos por causa disso. Também desenvolvi uma insônia que perduraria toda a vida, de modo que era cada vez mais raro conseguir dormir.

Apesar de todos esses obstáculos, a única coisa no mundo que eu queria era me tornar radialista.

Imagino que o rádio e a televisão fossem tão atraentes para mim exatamente pelo meu isolamento. Meus únicos amigos vinham das ondas de rádio e da TV. Passei incontáveis horas quando criança ouvindo Jean Shepherd fazer seus monólogos espontâneos e hipnóticos na Rádio WOR. Um pouco mais velho, fiz amizade com Jack Parr, embora ele não soubesse disso. Em 1962, eu estava assistindo à NBC na famosa noite em que ele deixou o *The Tonight Show*. Passei dias traumatizado, como se tivesse de fato perdido meu melhor amigo. Por sorte, meu camarada David Susskind permaneceu no ar, apresentando um programa de entrevistas chamado *Open End*, que era transmitido na TV às onze da noite. Não tinha hora para acabar: ele continuava conversando até os convidados ficarem sem assunto. Era a atração perfeita para a jovem coruja que eu estava me tornando.

Um dia, no fim do ensino médio, contei ao meu pai sobre meus planos para o futuro.

– Pai, quero trabalhar com rádio – anunciei.

Ele se recostou na cadeira à mesa da cozinha e sorriu.

– É um bom negócio – respondeu ele em um inglês carregado de sotaque iídiche, afagando meu joelho. – Aquela loja de eletrônicos na Rua 181 está sempre cheia. As pessoas estão sempre precisando consertar essas coisas.

– Pai – falei, corrigindo-o –, eu não vou *consertar* rádios. Quero ser uma das pessoas que o senhor ouve na rádio. Quero ser radialista.

Ele me encarou como se eu tivesse dito que pretendia ser astronauta.

Eu me candidatei a nove universidades com cursos de radialismo e fui aceito somente em uma: a Los Angeles City College. Então, no verão de 1963, fiz as malas, peguei um avião pela primeira vez na vida e apareci no campus de Hollywood com minha gagueira, meu sotaque nova-iorquino e 300 dólares para pagar o curso.

Eles logo me pediram para mostrar o que sabia, me ensinaram como olhar para a câmera e manter contato visual, como fazer transmissões esportivas e relatórios meteorológicos e como tocar discos e conduzir entrevistas. (Essa foi a parte que eu mais gostei.) Também me curaram da gagueira e tiraram meu sotaque.

O "dever de casa" nesse último aspecto foi uma série de exercícios de respiração e fala – eram brutais, mas surpreendentemente eficazes. Quando voltava das aulas para meu quartinho alugado entre a Sunset e a Hollywood, eu me deitava no chão, pousava uma máquina de escrever de 8 quilos sobre o plexo solar, esticava a língua e falava "Ahhhh" durante o máximo de tempo que conseguisse expirar e inspirar. Não demorou muito para vencer de vez meu sotaque e minha gagueira.

Eu estava na faculdade havia apenas dois ou três meses quando me deparei com a maior oportunidade da minha carreira, que coincidiu com um dos piores dias da história americana. Estávamos em aula no dia 22 de novembro de 1963, quando os alto-falantes anunciaram que o presidente Kennedy tinha levado um tiro; os alunos foram instruídos a ir para casa. A maioria fez isso, mas nosso pequeno grupo de jovens radialistas se dirigiu até a sala do departamento e se reuniu em volta de uma TV em preto e branco para assistir à reportagem de Walter Cronkite sobre o assassinato. Após algumas horas, as primeiras fotos de Lee Harvey Oswald começaram a aparecer na tela.

– É o Lee! – exclamou um dos meus colegas. – Eu servi nos Fuzileiros com esse cara!

Não sei como, durante aquele dia trágico e horrível, eu tive a presença de espírito de reconhecer a oportunidade gigantesca que caíra no meu colo. Levei meu colega, que se chamava Roland Bynum, para outra sala, me sentei com ele e liguei o gravador. Para ser sincero, não foi a entrevista mais interessante da minha carreira – afinal, eu ainda era um novato –, mas sem dúvida foi a mais oportuna. Quando terminei, levei a fita de volta ao meu quartinho e liguei para a maior rádio da região.

– Alô? Meu nome é Elliot, sou estudante da Los Angeles City College. Acabei de entrevistar um homem que serviu nos Fuzileiros Navais com Lee Harvey Oswald – falei com a pessoa que atendeu ao telefone. – Estariam interessados na fita?

No que pareceu um centésimo de segundo, um motoboy surgiu na minha porta para pegar a gravação. Mais alguns centésimos de segundo e minha entrevista estava sendo transmitida por toda a cidade. Meu telefone começou a tocar alucinadamente; veículos de imprensa do mundo inteiro queriam falar comigo. Ao fim do dia, minha pequena exclusiva estava sendo veiculada em rede nacional, no telejornal *CBS Evening News*.

Passei os anos seguintes na Los Angeles City College aprimorando meu ofício, me especializando na arte de entrevistar celebridades. Consegui uma entrevista com Jayne Mansfield, que vinha sendo apresentada pelos estúdios como a nova Marilyn Monroe, depois de importunar o agente dela com uma enxurrada de cartas. Até adquiri uma publicação que listava os endereços das estrelas e escrevi uma carta para a própria Mansfield. Ela deve ter lido a correspondência, porque um dia, enquanto eu estava em casa esquentando uma sopa de ervilha, meu telefone tocou. Fiquei pasmo ao ouvir a voz dela do outro lado da linha. Ela não só concordou em me dar a entrevista como também me convidou para uma festa em sua casa em Beverly Hills. Pouco depois, esbarrei com Sal Mineo num bar em Hollywood onde eu tinha ido cobrir a apresentação de um hipnotista. Foi assim que consegui também uma entrevista com o ator de *Juventude transviada*. Sal e eu acabamos nos tornando amigos.

Depois que me formei, saí em busca do meu primeiro emprego de verdade. Encontrei trabalho numa rádio comunitária chamada KPFK, que à primeira vista não parecia a mais adequada para mim. Naquela época, os idosos eram os principais ouvintes de rádios comunitárias, por isso a KPFK colocava muitas músicas tocadas em cravos e às vezes transmitia palestras sobre ornitologia. Mas eu tinha um plano, e tentei vendê-lo em minha entrevista de emprego.

– Olha, sei que sou só um garoto que acabou de sair da faculdade, mas tenho a ideia de fazer um programa de entrevistas por telefone, voltado para adolescentes. Quero entrevistar pessoas por quem os jovens se interessam, como astros do rock. Poderia ser três noites por semana, das dez da noite às duas da manhã. Poderíamos chamar o programa de *Looking in with Elliot Mintz*.

O diretor da rádio me encarou com o mesmo ceticismo de meu pai na cozinha anos antes, mas, por algum motivo, concordou. Foi assim que, aos 21 anos, me tornei o mais jovem apresentador de talk shows de rádio dos Estados Unidos.

Concentrei minhas entrevistas na KPFK em músicos e artistas que ninguém mais queria convidar, o que naquela época era basicamente todo mundo envolvido com contracultura. É preciso lembrar que três emissoras – a ABC, a NBC e a CBS – dominavam as ondas de rádio e TV americanas. Ninguém entrevistava astros do rock e poetas beat, não na rádio e certamente não na TV. Johnny Carson jamais convidaria Frank Zappa ou Allen Ginsberg para o seu programa. Por algum tempo, eu fui a única opção na cidade.

Devo admitir que era um trabalho muito fácil, ainda mais para um insone. Como meu programa era no fim da noite, eu chegava em casa por volta das três da manhã, fumava um baseado, lia um livro, relaxava, ia para a cama e dormia até o meio-dia. À tarde, eu ia para a rádio e planejava o programa da noite. Por esse trabalho pouco extenuante, eu recebia a bela quantia de 65 dólares por semana, o suficiente para comprar meu primeiro carro, um Morris Minor 1964 usado, por 300 dólares. O melhor de tudo era que meu programa logo atraiu audiência, o que não foi nada surpreendente considerando a geração de jovens que vinha sacudindo o país. Não que eu estivesse ficando famoso – fama, aliás, nunca foi meu objetivo –, mas já começava a ser notado no meio do radialismo.

Pouco tempo depois fui abordado por uma rádio comercial maior, a KLAC, que me ofereceu um salário mais alto – 300 dólares por semana – para fazer basicamente a mesma coisa: apresentar um programa de entrevistas direcionado a jovens ouvintes. Foi assim que, nos anos seguintes, eu progredi na cadeia das emissoras de rádio de Los Angeles, trocando de emprego, às vezes tropeçando e perdendo trabalho, mas sempre arranjando outro, até parar na KLOS, a estação onde, no outono de 1971, eu conduziria aquela que seria a entrevista mais importante da minha vida.

Embora eu fosse apenas um apresentador, e não um DJ, parte do meu trabalho era estar antenado no mundo da música, de modo a manter minha lista de convidados atrativa. Muitas pessoas que eu entrevistava eram amigas. Uma das vantagens de ter ido morar naquela casinha com elevador em Laurel Canyon era que o bairro oferecia uma fonte ilimitada de potenciais entrevistados; dependendo de quem encontrasse pelo caminho, eu poderia arranjar um convidado ao passear com meu cachorro pela vizinhança. Mas também passava horas em casa, diante da minha vitrola, com pilhas de novos lançamentos em vinil – as gravadoras me mandavam 20 ou 30 por semana –, à espera de uma voz que me fizesse parar para ouvir.

Naquele dia de setembro de 1971, eu a encontrei.

É claro que eu sabia quem era Yoko Ono. Todo mundo sabia: a esposa de John Lennon. Yoko era uma figura um tanto controversa naquela época – como até hoje – e que muitos apontavam (injustamente) como a culpada pelo fim dos Beatles.

Vou abrir o jogo: nunca fui muito fã dos Beatles. Obviamente eu gostava da música deles, entendia o impacto de sua genialidade e reconhecia sua enorme contribuição para a cultura pop. Mas fui criado ouvindo Elvis. Presley foi rei durante meus anos de formação na adolescência, portanto eu sentia uma conexão mais forte com "Jailhouse Rock" do que com "I Want to Hold Your Hand". Quando *With the Beatles* chegou aos Estados Unidos, eu já havia saído de casa e estudava na City College. (Por sinal, o álbum saiu no mesmo dia em que Kennedy foi assassinado, o que provavelmente foi o pior timing da história da indústria musical.)

Mesmo assim, eu admirava John e Yoko enquanto ícones culturais antes mesmo de os Beatles se separarem em 1970. Acompanhei várias reportagens sobre seus "*bed-ins*" pela paz, em 1969, quando os dois, em sua lua de mel, acamparam de pijamas em quartos de hotel em Amsterdã e Montreal, realizando debates livres com a imprensa do mundo todo pelo fim da guerra no Vietnã. Além de sua incrível bravura política – John e Yoko garantiram um lugar de honra na lista de inimigos de Nixon e eram constantemente vigiados pelo FBI –, eu respeitava seu talento em relações públicas. Eles praticamente obrigaram a imprensa a transmitir sua mensagem – no caso, contra o derramamento de sangue sem sentido no Sudeste da Ásia – ao convidar os jornalistas para sua lua de mel. Genial.

Naquela fatídica tarde de outono, quando peguei o álbum *Fly*, de Yoko Ono, da pilha de lançamentos que acabara de receber das gravadoras, olhei para ela com outros olhos. Era inevitável. A capa do disco era um close arrebatador do rosto de Yoko, uma Polaroid superexposta, distorcida, tirada atrás de um vidro curvo, o que dá a impressão de que ela está chorando. O fotógrafo, segundo os créditos, era John.

Se a capa despertou minha curiosidade, fiquei completamente fascinado quando pus o disco para tocar. Nunca tinha ouvido nada parecido na vida. Era conceitual e experimental, desconcertante e hermético, mas também de certa forma inspirador. Havia uma dor visceral e crua na voz de Yoko, um som bem diferente das harmonias doces que eu ouvia pelas janelas abertas do meu bairro. Era um álbum duplo, 13 faixas, 94 minutos, mas eu o ouvi duas vezes seguidas. Quando terminei, tive duas certezas. Primeiro, eu queria tocar o álbum na rádio. Segundo, eu queria falar com a pessoa que o gravou.

Na década de 1970, convidar alguém para participar de um programa de rádio era algo relativamente simples, embora às vezes pudesse ser penoso. Você só precisava dar uns 20 ou 30 telefonemas. Essa era a desvantagem de lidar com famosos quando não havia internet ou e-mail: você tinha que discar e discar e discar. Começava contatando a gravadora (geralmente em Nova York) para descobrir o nome do publicitário que cuidava do artista, depois ligava para ele para fazer o pedido. O publicitário, por sua vez, tinha que descobrir a localização do artista ou de seu agente e falar com eles antes de retornar para você.

Convidar Yoko para meu programa de rádio, no entanto, não poderia ter sido mais rápido ou fácil. Eu liguei para a gravadora, informando que queria tocar o álbum na rádio e entrevistar a artista por telefone durante a transmissão. No dia seguinte, eu estava falando com o assistente de Yoko.

– Que tal domingo à noite? – sugeriu ele.

Eu gosto de estar preparado para as minhas entrevistas, então geralmente faço alguma pesquisa prévia. No caso de Yoko, comecei relendo *Grapefruit*, a obra literária conceitual que ela publicou em 1964, dois anos antes de conhecer John Lennon. As pessoas esquecem que Yoko já era uma artista estabelecida por si só, com sua própria história de vida. Filha de um poderoso banqueiro japonês, ela cursou o ensino fundamental com o príncipe Akihito, então futuro imperador do Japão, e estudou na Sarah Lawrence College, em Nova York, ingressando em seguida no cenário artístico avant-garde de Manhattan.

Depois de se lançar na arte – com performances como sua célebre instalação *Cut Piece*, de 1964, em que ela ficava sentada passivamente enquanto o público recebia uma tesoura e era convidado a cortar partes do vestido que ela estava usando –, Yoko se mudou para Londres com o primeiro marido, o cineasta Anthony Cox. Conheceu John em uma galeria de arte que exibia seus trabalhos e se divorciou de Cox poucos anos depois. (John se separou da primeira esposa, Cynthia Lennon, mais ou menos na mesma época.)

Grapefruit foi uma das obras mais acessíveis e lúdicas de Yoko. Consistia em um "manual de instruções" simples, de formato quadrado, com uma instrução por página, escrita mais ou menos como um haicai, propondo curtos exercícios mentais aos leitores. "Imagine nuvens gotejantes. Faça um buraco no seu jardim para colocá-las lá dentro", dizia uma delas. Outra: "Imagine mil sóis no céu ao mesmo tempo. Deixe-os brilhar por uma hora. Então, permita que eles se mesclem pouco a pouco ao céu. Faça um sanduíche de atum e coma-o."

Não segui todas as instruções, mas eu nunca havia lido nada como aquilo antes.

Enquanto preparava a entrevista, não posso dizer que tinha grandes expectativas. Não presumi que uma entrevista com Yoko repercutiria. Duvidava que as pessoas fossem comentar sobre ela, como aconteceu quando eu entrevistei Jack Nicholson ou Groucho Marx. O público não estava exatamente ávido para ouvir a voz dela. Ainda assim, fiquei intrigado com sua arte e sua reputação, e estava ansioso pelo que achei que seria a única entrevista que ela me concederia.

O assistente de Yoko me deu um número de telefone particular para que eu ligasse no domingo, às nove da noite, horário do Pacífico. Ela estava em Nova York, então seria meia-noite para ela. Cheguei à minha cabine na KLOS por volta das 20h45. Acenei com a cabeça para o meu produtor, Barney, que estava sentado atrás de uma parede de vidro, e fui tratar dos preparativos habituais. Baixei as luzes, acendi uma vela e um incenso, ajustei o microfone e, pouco antes de o relógio bater as nove horas, comecei a discar. Não fazia a menor ideia de que minha vida estava prestes a mudar.

O telefone tocou apenas duas vezes antes de ela atender.

– Alô! – disse ela. – Aqui é Yoko.

DOIS
Los Angeles, 1971

— Antes de nevar, os cães ficam felizes. Eles começam a abanar o rabo.
— Eu não sabia disso – respondi.
— Ah, eu também não, mas alguém me contou. Nem sei se é verdade. Seja como for, não sou um cachorro.

Nossa entrevista seguiu assim durante cerca de 40 minutos, um turbilhão de pensamentos e ideias – às vezes conectadas, muitas vezes não –, à medida que eu explorava pela primeira vez, no ar, a mente agitada de Yoko Ono.

Conversamos sobre música e arte ("Um artista não precisa de talento, precisa apenas ter certo modo de pensar"). Conversamos sobre sonhos ("Grande parte dos meus sonhos tem conexão com cores"). Conversamos sobre política, paz e sua opinião sobre utopia ("Acredito em liberdade total, e o mundo da liberdade total será possível quando houver comunicação total").

A única coisa de que não falamos, pelo menos não diretamente, foi sobre o relacionamento dela com John. Essa foi uma decisão deliberada, pois eu sabia que Yoko era bombardeada com perguntas sobre o marido em quase todas as entrevistas que concedia desde que eles se conheceram em 1966. Assim, evitei o tópico. Queria que nossa conversa caminhasse para um rumo diferente e me concentrei nela e no seu trabalho.

Mesmo assim, inevitavelmente John veio à tona. Na verdade, pensando em retrospecto, o trecho mais intenso – e assustador – daquela primeira entrevista foi quando perguntei a Yoko, então com 38 anos, se ela pensava sobre a morte.

– Ah, sim, às vezes pensamos – falou ela, respondendo pelos dois. – O que mais nos preocupa é qual de nós vai morrer primeiro, uma vez que isso está fora do nosso controle. John e eu conversamos muito sobre o assunto. John não suporta a ideia de me ver partir, então sempre diz: "Você precisa me deixar ir antes." Ultimamente, ele começou a perceber quanto eu sou vulnerável, então tem se preocupado mais comigo. Às vezes ele diz: "Bom, não posso partir primeiro, porque não quero deixar você sozinha."

– Vocês se cuidam? – perguntei.

– Não, acho que não somos muito cuidadosos. Mas nos preocupamos com a saúde um do outro. Tentamos não fumar demais. Fora isso, não fazemos mais nada.

– Quando você partir, como gostaria de ser lembrada?

– John e eu vivemos, amamos e morremos.

Embora ainda estivesse no começo da carreira, eu já havia entrevistado centenas de músicos e artistas. Muitos foram inspiradores, outros nem tanto. Digamos que alguns falam de maneira mais eloquente por meio de suas obras do que em entrevistas de rádio. Quanto à entrevista com Yoko, senti que tinha corrido tudo bem: a julgar pelos telefonemas que recebi depois, os ouvintes pareciam ter gostado. Yoko era interessante e envolvente, mas, para ser franco, a entrevista não foi das mais marcantes para mim.

Ainda assim, *algo* em nossa conversa permaneceu na minha mente. Às duas da manhã, depois de encerrar o programa, enquanto voltava para Laurel Canyon em meu velho Morris Minor, tentei definir essa sensação. Em plena Sunset Boulevard, percebi que não era uma coisa específica que Yoko havia dito que ficou na minha cabeça, mas como ela fez com que eu me *sentisse*. Estranhamente, era uma sensação familiar e confortável, como se nos conhecêssemos desde sempre e estivéssemos apenas mantendo uma conversa de anos. Não era algo que eu costumava sentir ao falar com uma pessoa estranha e com certeza não ao vivo durante uma entrevista.

No entanto, quando estacionei na Oak Court, peguei o elevador até a minha porta e comecei a rotina de casa, já estava pensando em outras coisas.

Sei que muitas pessoas veem a insônia como um problema, algo a ser enfrentado e superado. Eu também achava isso, hoje não mais. Cheguei a buscar ajuda para corrigir minha rotina de sono, como passar uma noite inteira no laboratório de pesquisa de Stanford, com fios conectados ao corpo, enquanto um médico analisava meus padrões de descanso só para anunciar pela manhã que eu tinha insônia ("São 2 mil dólares, por favor"). Depois disso, aceitei mais ou menos o fato de que sou notívago.

Na verdade, passei a gostar da madrugada, da maneira como as luzes da cidade brilham ao longe, do barulhinho dos grilos e das corujas, da solidão aconchegante da escuridão. Ao encerrar meu turno na rádio, não havia nada mais relaxante do que me aconchegar no sofá com um bom livro, acender um baseado mal enrolado (nunca peguei o jeito) e curtir um barato no meu refúgio.

É claro, eram os anos 1970, eu tinha 20 e poucos anos e morava em Los Angeles, a capital do amor livre no mundo ocidental, então não passava todas as noites em casa.

Não havia muita agitação em Laurel Canyon – nenhuma boate, restaurante, cinema ou estabelecimento comercial; apenas pessoas tocando música, fazendo amor e fumando maconha. Então, se você quisesse ter uma vida noturna – e eu queria –, precisaria dirigir 2 quilômetros e meio colina abaixo, onde ficavam o Troubadour, o Roxy e o Whisky a Go Go. (Eu estava no Whisky a Go Go quando o The Doors tocou ali pela primeira vez. Ao ver Jim Morrison subir no palco, lembro que pensei: *Se James Dean tivesse decidido cantar em vez de atuar...!*)

A Sunset Strip e a cena local eram parte importante da minha vida. Passei muitas noites de folga no Dan Tana's, que ficava mais adiante na avenida; sempre havia velhos amigos – assim como novos em potencial – comendo e bebendo naquele mítico bistrô de West Hollywood. E havia também o Troubadour, o famoso clube de rock'n'roll, onde eu assistia a apresentações ao vivo de artistas como Cat Stevens, Van Morrison e Don Henley, para mencionar apenas algumas lendas da música. Enquanto "personalidade" da rádio local, cada vez mais "conhecido" como entrevistador de astros do rock, o clube me concedia alguns benefícios: por exemplo, eu não precisava enfrentar fila para entrar. E, embora eu nunca tenha sido considerado um galã pelas mulheres, naquela época não era muito difícil encontrar companhia, mesmo que você não fosse uma celebridade.

No dia seguinte à entrevista com Yoko, acordei na hora habitual – ou seja, ao meio-dia – e comecei minhas tarefas diárias. Preparei uma xícara de chá de ervas, fiz alguns exercícios leves e meditei um pouco. Em seguida, levei Shane para um longo passeio pelo bairro. Na volta, conferi a correspondência, dei uma olhada nas manchetes do jornal e comecei a pensar no programa daquela noite: precisava telefonar para Barney, meu produtor, e repassar com ele nossas opções de convidados. Estava me servindo uma segunda xícara de chá quando o telefone tocou.

– Olá, Elliot, aqui é Yoko – apresentou-se ela, sem esperar uma resposta. – Fiquei muito contente com a entrevista de ontem à noite. Gostei das perguntas que você fez. Você me deu espaço para eu me expressar.

Abri a boca para dizer algo, mas ela continuou:

– Já dei entrevistas com John, nós dois juntos, mas nunca tenho a oportunidade de falar – comentou ela. – Os entrevistadores querem conversar com John, não comigo, então não me fazem nenhuma pergunta. Comecei a desenvolver uma gagueira por causa disso. Sinto que tenho que falar rápido se quiser que me ouçam, antes que o entrevistador me interrompa para se dirigir a John. Isso me deixou mais inibida.

Ela fez uma pausa para tomar fôlego.

– Às vezes – prosseguiu –, é muito difícil ser eu.

Veja bem, eu tinha atendido ao telefone, dito alô... e só. Não pronunciei mais nenhuma palavra. Yoko simplesmente foi direto ao assunto como se fôssemos amigos havia anos. Logo eu iria descobrir que era esse tipo de energia que definiria o nosso relacionamento. Naquele instante, eu estava tão perplexo com o telefonema que o máximo que conseguia fazer era tentar acompanhar o ritmo e processar o que ela estava dizendo.

– Imagino mesmo que seja muito difícil ser você – deixei escapar.

– Sabe, às vezes, quando vêm nos entrevistar, os repórteres pedem para ficarmos em cômodos separados, John em um e eu em outro – continuou ela. – Argumentam que vão nos entrevistar separadamente e depois juntar as duas conversas para a rádio ou o jornal. Só que passam uma hora e meia com John e falam no máximo 10 minutos comigo. Depois, quando vou ler o artigo, eu nem mesmo apareço.

– Isso te deixa magoada? – perguntei, sem saber o que mais dizer.

– Bom, eu sempre fico magoada, sabe? – confessou ela. – Mas a melhor maneira de lidar com a mágoa é buscar se sentir melhor. Então afasto essas pessoas da minha mente.

– Deve ser difícil para você dar entrevistas, sabendo que os jornalistas vão fazer perguntas sobre o John.

– Eu sempre tenho a esperança de que a próxima pessoa me dará uma chance de falar.

Conversamos por cerca de 40 minutos, talvez até mais tempo, quando, sem qualquer aviso, Yoko anunciou:

– Tenho que desligar.

E desligou.

Fiquei, para dizer o mínimo, estupefato.

Não porque uma pessoa famosa telefonou do nada para minha casa. Nunca tive esse tipo de fascínio pelas celebridades. Já tinha entrevistado artistas demais àquela altura e me considerava imune aos encantos da fama. O que me chocou foi a pura magnanimidade do gesto. Ninguém que eu tivesse entrevistado antes (ou desde então) se dera o trabalho de ligar para agradecer. Era um gesto tão simples, mas ao mesmo tempo tão atencioso e inesperado, que me deixou pasmo.

E então, de modo ainda mais surpreendente, ela telefonou de novo no dia seguinte.

Só que, desta vez, às cinco da manhã, um horário estranho até para um insone, embora fossem oito da manhã em Nova York, o que tornava a situação um pouco mais aceitável no caso dela. Mas fiquei feliz em ouvir sua voz, por mais que estivesse apenas semiconsciente. Com alguma dificuldade, tentei despertar meu cérebro enquanto ela retomava imediatamente nossa conversa do dia anterior.

– Então, acabei de ler um livro – falou, sem ao menos dizer alô. – É um romance de mistério, adoro mistérios. É o gênero que eu mais leio.

Mais tarde, percebi que era assim que Yoko começava todas as conversas, como se fossem continuações da última. Não havia necessidade de amenidades ou explicações. Era um loop infinito.

Naquele dia, ainda grogue, consegui produzir uma resposta:

– Hã, fico até surpreso – comentei. – Achei que você lesse muito sobre arte, por ser uma artista.

– Artistas não leem sobre arte – rebateu ela. – Artistas apenas criam arte.

– Por que gosta tanto de romances de mistério?

– Bom, você não sabe o final a não ser que seja muito inteligente e consiga descobrir.

– O importante é desvendar o mistério?

– O importante é entender como o autor torna o mistério invisível para o leitor, como ele ou ela torna difícil para o leitor adivinhar o final.

– Queria saber o que você está lendo, além dos livros de mistério.

– Por quê?

– Só pensei que talvez você tenha interesse em outros tipos de livros.

– Eu leio três ou quatro livros por vez – revelou ela. – Estou sempre cercada de livros. John também. Começamos e paramos vários livros e às vezes trocamos. Agora também estou lendo um livro sobre vegetarianismo, pois tenho pensado em mudar minha alimentação.

– Então – falei, ainda tentando afastar o sono –, você está lendo um livro sobre vegetarianismo e também está no meio de um romance de mistério...

– Elliot – interrompeu ela, parecendo irritada. – Acabei de falar que *terminei* de ler um romance de mistério, lembra?

Lição número um ao conversar com Yoko: prestar atenção.

O segundo telefonema demorou mais que o primeiro – talvez uns 90 minutos. Lembro que assisti ao nascer do sol enquanto conversávamos. A maior parte da chamada consistiu naquele tipo de papo furado entre velhos amigos quando não há nada de importante para falar. Mesmo assim, foi reveladora.

– O que você come quando acorda? – indagou ela em algum momento.

– Gosto de comer frutas frescas e uma xícara de chá.

– Põe adoçante no chá?

– Sim, gosto de chá com adoçante.

– Não deveria – criticou ela. – Não dá para ser saudável consumindo coisas artificiais.

– Bom, o que você come pela manhã? – devolvi.

– Não como nada. Tomo um banho gelado. Toda manhã, meus assistentes enchem a banheira com cubos de gelo e abrem a água fria, daí eu entro na banheira e fico bem quietinha. É assim que começo o dia.

– Por que você faria uma coisa dessas? – perguntei, horrorizado.

Minha maneira preferida de acordar era planar de forma lenta, demorada e suave em direção à consciência. Tomar um banho gelado logo de manhã soava como um pesadelo.

– É muito bom para a circulação – disse ela. – A maneira como o sangue se movimenta pelo seu corpo é muito importante. O sangue para no coração, onde obtém inspiração. Flui para o cérebro, onde obtém conhecimento. Depois, é distribuído para diferentes partes do corpo para dar a você equilíbrio e força...

Foi uma bela dissertação sobre os benefícios do banho gelado, tive que admitir. Mesmo assim, não me convenceu.

Como na primeira ligação, a segunda acabou bruscamente e sem cerimônias, quando Yoko anunciou que precisava ir. Antes de desligar, no entanto, ela me deu um número de telefone, uma linha ainda mais privada do que aquela que seu assistente tinha me passado para a entrevista na rádio – e acrescentou que eu poderia ligar sempre que quisesse. Foi o que fiz logo no dia seguinte, por motivos que não sei explicar.

Em parte, talvez por educação. Ela havia me ligado duas vezes; isso não queria dizer que eu lhe devia uma chamada? Em parte, também por curiosidade, só para ver até onde aquela nova amizade telefônica chegaria. Qualquer que fosse o motivo, o terceiro telefonema – ou quarto, se você contar a entrevista – foi uma continuação dos anteriores. Na verdade, como eu descobriria nas décadas seguintes, todos os nossos papos, não importava quanto tempo os separasse, faziam parte de uma única, longa e épica conversa.

– Experimentei chá sem adoçante – contei para ela. – Não gostei. O que acha de mel? Posso pôr mel no chá?

– Elliot, esse é o gosto do chá. Por que colocar algo no chá para mudar seu sabor? Você deve comer e saborear a comida do jeito que ela deve ser comida e saboreada. Não deve acrescentar nada, porque não lhe falta nada.

– Mas nem mel? – insisti. – Mel é natural.

– Elliot, não acabei de explicar? Você não prestou atenção?

No fim das contas, eu não precisava ter ligado para Yoko por cortesia. Nas semanas, meses e anos seguintes, ela me telefonou quase todos os dias, a qualquer hora, sem aviso. Às vezes Yoko queria conversar sobre um sonho, outras, sobre um artista que conhecera. Às vezes me ligava porque tinha composto uma nova canção e queria cantá-la para mim.

No começo, fiquei encantado por ela ter me achado digno de ser seu confidente. E os telefonemas em si eram, de alguma forma, sempre fascinantes. Yoko tinha uma forma única de pensar, que me fazia enxergar o mundo de um jeito um pouco diferente, mesmo quando o assunto era tão trivial quanto adoçar o chá.

Mas, é claro, eu também sabia que esses telefonemas eram incomuns, até esquisitos. De todas as pessoas possíveis, por que Yoko Ono de repente se interessaria tão intensamente por um apresentador de rádio de 26 anos de Los Angeles? Não fazia muito sentido na época. Mesmo depois de tantos anos, ainda é difícil entender. Já me perguntaram 1 milhão de vezes o que Yoko viu em mim; por que, de todos os seres humanos no planeta, ela escolheu ser amiga de Elliot Mintz? Minha resposta sincera é: não faço ideia. Você teria que perguntar a ela.

Tudo que sei é que, à medida que os telefonemas ficavam mais frequentes durante o outono de 1971, comecei a ter a sensação desconcertante de que minha vida estava tomando um rumo totalmente desconhecido. Meu relacionamento com Yoko não era nada parecido com qualquer outro que tivera antes: de certa forma, ela vinha se tornando uma espécie de mestra, uma guia sábia e culta, e eu, seu jovem discípulo. Só que isso estava redefinindo meu mundo de maneiras que às vezes podiam parecer um tanto inconvenientes.

Por exemplo, pouco depois que Yoko começou a me telefonar, eu estava em casa com uma mulher. Tínhamos nos conhecido naquela noite no Troubadour, onde eu fora assistir a um show de Kris Kristofferson. Tenho vergonha de admitir que não lembro o nome dela – vamos chamá-la de Luna, seguindo o espírito dos anos 1970 –, mas recordo vividamente como ela era linda, com longos cabelos pretos e uma pele impecável cor de oliva. Começamos a conversar, a beber, a fumar e, de repente, o clube já estava fechando. Quando dei por mim, estávamos subindo o elevador até a porta da minha casa; acho que foi ali que nos beijamos pela primeira vez. Ao entrarmos, ofereci mais uma bebida, mas ela já estava subindo as escadas em direção ao meu quarto.

Algumas horas depois, Luna estava dormindo na minha cama, nossas roupas espalhadas pelo chão. Deviam ser quatro da manhã, e eu ainda não estava pronto para dormir. Em vez disso, fiquei deitado ao lado dela, admirando a curva suave do seu quadril que a ponta do lençol mal cobria, me permitindo cogitar se não teria enfim encontrado minha alma gêmea, que sempre parecia me escapar.

Foi então que o telefone tocou.

Desci correndo as escadas para atender antes que o toque seguinte acordasse Luna. Um cavalheiro provavelmente teria desconectado o aparelho ou ignorado a ligação. Pensando em retrospecto, talvez eu devesse ter feito isso. Mas eu sabia quem estava do outro lado da linha e me senti obrigado a atender a chamada.

– Vou começar uma dieta – anunciou Yoko. De novo, nenhum alô, nenhum papo furado, apenas uma continuação súbita da nossa eterna conversa.

– Por quê? – perguntei. – Já vi várias fotos suas nos jornais e vi você na televisão. Não parece ter um problema de peso.

– Vou fazer um ensaio fotográfico e preciso emagrecer. Qual é a melhor maneira de fazer isso? Você vive em Hollywood. Como as pessoas daí fazem para perder peso?

Na época, havia um médico famoso em Los Angeles que vinha injetando nas estrelas de cinema um elixir do emagrecimento – que se chamava gonadotrofina coriônica humana, ou hCG, e consistia basicamente de urina de mulheres grávidas. Eu sabia, por experiência própria, que essa poção mágica era realmente capaz de dissolver gordura. Apesar dos alertas de Yoko contra os malefícios dos adoçantes, ela pareceu interessada em mais detalhes.

– Consegue arranjar isso para mim? – perguntou ela.

Depois que expliquei que apenas um médico poderia aplicar as injeções, o papo desviou para outros assuntos. Conversamos por cerca de 90 minutos, até Yoko desligar. Quando subi meio grogue de volta para o quarto, encontrei Luna sentada na cama, totalmente desperta.

– Quem era? – indagou ela, sua voz suave. – Está tudo bem?

Pude ver nos seus olhos o que ela estava pensando. *Será que esse cara é casado? Ele tem namorada?*

– Sim, está tudo bem. Era só um amigo. Nada importante.

– Mas você ficou mais de uma hora ao telefone – insistiu ela.

Eu hesitei, constrangido.

– Tenho um grande amigo em Nova York, conversamos de madrugada – expliquei, dando uma desculpa esfarrapada, o que só deixou Luna mais confusa. – Sério, não é nada de mais. É só isso.

O telefonema, assim como minha maneira evasiva de lidar com ele, tinha claramente jogado um balde de água fria no que até então fora um encontro perfeito. Luna continuou fazendo perguntas; eu continuei me esquivando. Pouco depois, minha suposta alma gêmea estava catando as roupas do chão e se preparando para ir embora.

Pensei em contar tudo para Luna. Pensei em revelar que estava falando com Yoko Ono ao telefone. Mas isso me pareceu errado, como se eu fosse violar um pacto de confiança implícito. Além do mais, se tivesse contado a verdade, imagino que só teria piorado as coisas. Sem dúvida tornaria tudo mais complicado. Conseguia imaginar a reação dela: *Por que este cara legal com quem acabei de dormir estava falando às quatro da manhã com a esposa do John Lennon, a mulher que causou a separação dos Beatles?*

Se eu não conseguia nem explicar a mim mesmo por que tinha passado 90 minutos ao telefone com Yoko, como poderia esperar que Luna entendesse?

Por isso fiquei quieto enquanto ela calçava as botas, pegava sua bolsa e marchava escada abaixo para chamar um táxi. Foi então que comecei a perceber como aquela nova e estranha amizade telefônica iria afetar minha vida.

E Yoko era só o começo.

Eu estava prestes a conhecer John.

TRÊS
Los Angeles, 1971

Se você alguma vez ouviu John Lennon falar – e, a essa altura, quem nunca ouviu? –, deve saber que ele falava de maneira inigualável.

Havia algo diferente na forma como ele construía as frases: uma cadência totalmente própria, uma inventividade lúdica em relação à linguagem, um jeito único e brincalhão de se expressar. Esse estilo particular, tão dele, é impossível de reproduzir por escrito. Já devorei inúmeros livros sobre John e me debrucei sobre centenas de entrevistas com ele, mas nunca encontrei uma citação que capturasse com precisão a maneira como ele soava pessoalmente.

Tentar reproduzir a voz de John nas páginas de um livro, mesmo neste aqui, é como tentar imprimir fumaça em uma folha de papel. É simplesmente impossível.

Dito isso, sou plenamente capaz de retratar o *conteúdo* das muitas conversas que tive com John ao longo dos anos. Ainda que não consiga transmitir como as palavras dele *soavam*, sei quais foram ditas, a começar pela nossa primeira conversa no meu programa de rádio na noite de 9 de outubro de 1971, quando ele completou 31 anos.

Yoko – cuja voz, por sinal, é bem mais fácil de passar para o papel – foi quem combinou a entrevista. Na verdade, foi ela que, algumas semanas depois de termos começado nossa rotina quase diária de telefonemas, sugeriu que eu entrevistasse John.

Estávamos ao telefone conversando sobre J. Krishnamurti, o filósofo indiano cujo livro mais recente eu estava lendo.

– Eu leio muito sobre metafísica – contei a ela. – E saiu um livro novo com trechos de algumas das palestras dele.

– *Liberte-se do passado* – mencionou Yoko.

Fiquei impressionado. Embora Krishnamurti fosse uma leitura corriqueira em determinados círculos interessados em espiritualidade na década de 1970, os livros dele não eram exatamente grandes best-sellers.

– John também está lendo – acrescentou ela.

– Ele é fã do Krishnamurti?

– Não. Ele não diria que é "fã". John não gosta dessa palavra. Mas parece que ele gosta do que esse cara diz.

– Você deveria ler também.

– Não. Não leio esse tipo de livro.

– Você pode gostar – insisti. – Talvez pudesse conversar com John sobre o livro.

– Talvez *você* pudesse conversar com ele sobre o livro – devolveu Yoko.

Não, eu não estava jogando verde para conseguir esse convite. John não era um assunto sobre o qual Yoko e eu falávamos nos primeiros meses da nossa amizade telefônica. Eu nunca lhe perguntava diretamente sobre o marido, nunca expressava mais do que um interesse educado e amigável sobre o que ele fazia ou deixava de fazer. Eu me concentrava inteiramente nela – em parte, porque era com ela mesmo que eu queria falar, mas também porque eu podia imaginar quantas pessoas enxergavam Yoko apenas como uma via de acesso a John, e eu estava determinado a não ser uma delas. Mas, obviamente, eu sabia muito bem que o homem com quem ela era casada – e que talvez estivesse dormindo no quarto ao lado durante nossas conversas noturnas cada vez mais longas – era ele próprio um notável pensador filosófico.

Além disso, para ser sincero, eu estava curioso para saber o que John achava de a mulher dele passar tanto tempo ao telefone com outro homem.

– Alguma vez John se incomodou com o fato de você conversar tanto comigo? – perguntei a Yoko.

– Claro que não. Por que diz isso?

– É que a maioria dos maridos se preocuparia ou suspeitaria se suas esposas passassem horas conversando com outro homem ao telefone no meio da noite.

– Você está se achando, não está, Elliot?

– Só estou curioso.

– Está sendo negativo, isso sim – acusou ela.

– Bom – murmurei, constrangido, mudando de assunto –, eu adoraria conversar com John quando ele quisesse.

– John faz aniversário em 9 de outubro – comentou Yoko. – Você poderia falar com ele nesse dia. No seu programa de rádio.

– John não tem nada melhor para fazer no aniversário dele? – perguntei, surpreso com a proposta.

– Ele não liga para aniversários – disse Yoko.

JOHN TINHA LANÇADO *IMAGINE* um mês antes e trabalhara bastante na divulgação do álbum, incluindo a agora icônica aparição com Yoko no *The Dick Cavett Show*, durante a qual o casal fumou um cigarro atrás do outro e refutou de forma bem-humorada os boatos de que Yoko tinha "separado" os Beatles. Eu prestava bastante atenção nas entrevistas de John e Yoko naquela época, mesmo antes de começarmos a falar ao telefone, assim como nos próprios entrevistadores. Em parte, era curiosidade profissional; afinal, conversar com artistas agora também era o meu ganha-pão. Mas em parte também porque John e Yoko podiam ser entrevistados muito divertidos. Mesmo um profissional erudito como Cavett sofria para acompanhar a ironia mordaz deles.

Dessa vez, não me preocupei em fazer nenhuma pesquisa antes da entrevista. Não era necessário. Assim como a maior parte dos seres conscientes no planeta em 1971, eu já sabia bastante sobre sua história de vida. John havia sido criado por sua tia Mimi na Liverpool do pós-guerra; a mãe dele morrera em um acidente trágico (atropelada por um carro dirigido por um policial à paisana); e ele conheceu Paul McCartney na adolescência em uma festa da igreja. Para qualquer pessoa com o mínimo de conhecimento sobre música pop, isso era o básico dos Beatles. Além do mais, por causa da minha amizade com Yoko, eu achava que talvez soubesse mais sobre John do que grande parte dos entrevistadores. Talvez até mais do que Cavett.

Alguns dias depois, eu estava sentado na minha cabine de trabalho, discando o número no telefone. Admito que me senti um pouco mais nervoso do que quando liguei para Yoko pela primeira vez. Eu sempre tive alguma noção sobre quem eram os convidados mais cobiçados para um programa de rádio – e um ex-beatle encabeçava a lista. Mas eu vinha falando com Yoko havia semanas, e nossas conversas sem dúvida me deram uma ideia melhor sobre quem era John. Mesmo assim, às vésperas da entrevista, que seria transmitida ao vivo, eu não sabia o que iria acontecer. Tinha ouvido outras entrevistas e sabia que ele podia ser temperamental. Também estava preocupado com os palavrões que ele poderia soltar. Fiquei com medo de as coisas fugirem ao controle.

– Oi, alô? – atendeu John após dois toques. Ele soava normal, tranquilo.

Como estava completando 31 anos, comecei a conversa perguntando o que ele achava de envelhecer.

– Minha tia Mimi costumava dizer que os 30 anos são a idade certa para um homem, e eu achava que ela estava tirando sarro de mim, sabe? – respondeu ele. – Só que, de certa forma, ela tinha razão. É uma boa idade, porque você ainda não é velho, mas já tem alguma experiência.

Perguntei se ele se arrependia de algo nesses primeiros trinta anos de vida.

– Acho que nunca estive tão feliz. Tenho a Yoko, e isso é tudo que realmente importa para mim. E tenho a sensação de que, se não tivesse feito tudo o que fiz, eu não a teria conhecido.

Perguntei o que ele achava de viver em Nova York, em vez de em Londres, se achava que o ritmo de vida era diferente.

– Ah, não. Yoko e eu vivemos à velocidade da luz quando estamos trabalhando, ou então ficamos totalmente inertes, sem mover uma palha. Não tem meio-termo, mas geralmente tudo acontece muito depressa e parece haver sempre um pequeno furacão à nossa volta.

A entrevista durou cerca de 40 minutos. Aos 7 minutos de transmissão, tivemos um problema técnico apavorante: a ligação caiu, o pior pesadelo de qualquer radialista. Por sorte, a linha voltou depois de alguns segundos de pânico. Houve também uma ou outra bola fora, como no final, quando fui me despedir de John – o homem que acabara de lançar uma música pedindo aos ouvintes que imaginassem um mundo sem religião – com a frase: "Que Deus te abençoe." Mas, no geral, fiquei bastante satisfeito com o resultado. Enquanto voltava de carro para Laurel Canyon às duas da manhã, eu me perguntava quantas pessoas teriam ouvido a entrevista. Esperava que pelo menos algumas.

No fim das contas, foram muito mais.

No dia seguinte, levei Shane para passear. Recebi os acenos e sorrisos de sempre ao passar pelos conhecidos nas ruas e nos caminhos de terra batida que compunham o labirinto que era o meu bairro. Para minha surpresa, vários me pararam para falar do quanto gostaram da entrevista com Lennon, comentando como John parecia à vontade comigo.

Mais tarde, quando fui de carro até a Sunset Boulevard para cortar o cabelo, me sentei em uma cadeira entre dois outros clientes que conversavam animados. Enquanto o barbeiro aparava meus cachos na altura dos ombros, no melhor estilo anos 1970, me dei conta de que eles estavam falando sobre a entrevista de John. Obviamente, não tinham ideia de que o cliente de cabelos despenteados sentado entre eles era o entrevistador em pessoa. (Momentos como esse, aliás, eram uma das grandes vantagens de ser radialista: como tão poucos ouvintes sabiam como eu era, eu podia ouvir incógnito o que os outros falavam de mim.)

Um pouco mais tarde naquele dia, meu telefone tocou, e, pela primeira vez, não era Yoko.

— Oi, Elliot, você está ocupado? — perguntou David Cassidy. — Posso passar aí?

David e eu éramos próximos. Ele havia se tornado um dos muitos amigos acidentais que eu tinha feito em Laurel Canyon. Era cinco anos mais novo, mas naquela época estava no auge da fama como astro da série *A Família Dó-Ré-Mi*. Hordas de fãs, em sua maioria adolescentes do sexo feminino, se aglomeravam diante da casa dele na Cole Crest Drive, na esperança de conseguirem um vislumbre do encantador Keith Partridge. Sempre que ia à minha casa, David evitava aquela multidão saindo agachado pela porta dos fundos e pegando um caminho "secreto" por um bosque que separava a casa dele da minha.

— Adorei sua entrevista com Lennon — comentou ele, esparramando-se no meu sofá de courino enquanto eu abria uma garrafa de vinho. David, assim como muitos dos meus amigos músicos em Laurel Canyon, era obcecado por John, então tomei isso como um grande elogio.

— Fico feliz por ter gostado.

— Você é muito sortudo — prosseguiu ele. — Eu faria *qualquer coisa* para conhecê-lo.

Enquanto servia as taças de vinho, cogitei por um instante contar a

David sobre minhas conversas telefônicas com Yoko. Era tentador. Eu sabia que ele ficaria fascinado com a revelação de que eu mantinha um contato constante com a esposa de seu ídolo. Mas, tal como agira com Luna, eu me contive. Embora o assunto ainda não tivesse sido abordado diretamente, eu entendia de maneira instintiva que meu relacionamento com Yoko era delicado. Se eu desse com a língua nos dentes, isso abalaria nossa confiança. E eu queria que a confiança entre nós crescesse mutuamente: Yoko tinha compartilhado muitas coisas comigo, e eu tinha compartilhado muitas coisas a meu respeito também. Decidi que, pelo menos por enquanto, guardaria segredo sobre os telefonemas.

Nos dias que se seguiram, à medida que cada vez mais amigos (e estranhos) me parabenizavam pelo programa, quer fosse parando à minha mesa no Dan Tana's para me elogiar ou gritando ao meu ouvido durante um show no Troubadour, cogitei telefonar para John e agradecer pela entrevista. Eu me perguntava se ele estava à espera da minha chamada, já que sabia que eu era tão amigo da sua esposa. Não seria o mais educado a fazer? Uma questão de cortesia?

No fim das contas, desisti. Estava grato por John ter me concedido 40 minutos de entrevista na rádio. Grato por ter sido um sucesso tão grande de público. Não queria me intrometer mais do que já havia me intrometido na vida dele.

Cerca de uma semana depois, eu estava indo dormir no meu horário habitual – por volta das quatro da manhã – quando John me ligou.

– É o Elliot? – perguntou uma voz meio anasalada com um sotaque de Liverpool, do outro lado da linha. – Aqui é o John. Tudo bem?

Eu estava meio bêbado de sono e um tanto surpreso, então, sem pensar direito, deixei escapar:

– Estou indo dormir.

Ele riu.

– A esta hora?

Eram sete da manhã na Costa Leste – provavelmente ele tinha acabado de acordar. Mas devia saber que horas eram em Los Angeles. Ou não? Fosse lá como fosse, ele prosseguiu:

– Podemos conversar um pouco?

Aquilo despertou minha atenção: John Lennon estava perguntando para *mim* se eu podia falar com *ele*. O que ele teria a dizer? John era conhecido pela perspicácia e pela filosofia de suas canções e letras. Como saber que tipo de conversa sublime e inspiradora poderia estar à minha espera, que revelações magníficas ele estava prestes a fazer? Eu não poderia estar mais despreparado para o que veio em seguida.

– Falei com a Mãe – disse ele. Mãe, é claro, era como ele se referia a Yoko. – Ela me falou sobre uns comprimidos de emagrecimento que você tomou.

– Injeções, na verdade – corrigi, já surpreso com o assunto e um tanto perplexo.

– Você tem problemas de peso? – perguntou ele.

Eu não tinha. Contei a ele que ganhara alguns quilos numa época e então experimentei aquelas injeções de hCG, que eram meio difíceis de obter. Mas, naquele momento, outros pensamentos atravessavam a minha mente além de explicar a John que eu não estava acima do peso. O primeiro foi que nem John nem Yoko tinham a mínima ideia de como eu era fisicamente. Eu, é claro, tinha visto milhares de imagens deles. Para os dois, porém, minha aparência física era um mistério. Eu não passava de uma voz sem corpo e um tanto monótona ao telefone. O segundo pensamento foi que Yoko contara ao marido detalhes de nossas conversas. O que mais ela teria revelado a meu respeito?

– Consegue arranjar pra mim? – indagou John. – Alguns desses comprimidos?

– John, acho que vocês se confundiram. Não são comprimidos, são injeções que precisam ser aplicadas por um médico.

– Injeções? – repetiu ele.

– Sim, com uma seringa.

– Na bunda ou no braço? – quis saber John.

– Hã, a minha foi no traseiro.

Houve um breve silêncio. Eu quase conseguia ouvir John pensando.

– Tem certeza de que não podem ser comprimidos? – perguntou, enfim.

– Absoluta.

– Será que posso injetar em mim mesmo?

– Acho que não. Além da agulha e do medicamento, você precisaria saber a dose exata. Duvido que algum médico deixaria você fazer isso sozinho.

Nos minutos seguintes John reclamou, indignado, sobre a comunidade médica.

– Eles não querem que você tome a porra de um comprimido, porque aí você precisa ir a um médico fodão para tomar a injeção – disse ele, irritadíssimo. – Mas não tem nada que esses médicos fodões possam fazer por você que você não possa fazer por conta própria.

– Nem uma cirurgia de peito aberto? – sugeri, brincando. – Não dá para fazer sozinho.

Ele riu.

– Como você sabe? Já tentou? Olha, Elliot – prosseguiu, assumindo de repente um tom mais sério –, eu só quero parecer em forma. Poderia dar uns telefonemas para ver se me arranja essas injeções? Quebraria esse galho pra mim?

Como eu descobriria mais tarde, John e Yoko eram obcecados com o peso. Era algo contra o qual John havia lutado a vida inteira. Ele costumava brincar que, quando filmaram *Help!*, estava na sua fase "Elvis gordo". Essa era uma questão que lhe causava ansiedade e que ele levava muito a sério. Tentava todas as dietas da moda e estava claramente aberto a qualquer novo método de emagrecimento que aparecesse. Quando desligamos, mais ou menos meia hora depois, voltei para a cama, enfiei a cabeça debaixo das cobertas e tornei a pensar sobre o que havia acabado de acontecer. John tinha me ligado às quatro da manhã não para me agradecer pela entrevista, como Yoko fizera, ou para estender um pouco mais algum assunto da conversa que havíamos tido na rádio. Não – John tinha me ligado porque queria que eu lhe arranjasse injeções para queimar gordura; ou melhor, comprimidos para queimar gordura. Yoko, como eu viria a descobrir mais tarde, era igualmente obcecada com o próprio peso. Eles chegavam a organizar o gigantesco closet que tinham (que mais parecia o espaço de uma pequena butique) de acordo com suas flutuações de peso, com gôndolas de roupas numeradas pelas medidas de suas cinturas, como nas lojas de departamentos.

Na época, receber um telefonema de John Lennon me pedindo ajuda para arranjar comprimidos de emagrecimento me pareceu algo extremamente bizarro.

Ainda mais bizarro é o fato de que, mesmo assim, concordei em ajudar. Na manhã seguinte – quer dizer, por volta do meio-dia –, telefonei para o meu médico. Naturalmente, a enfermeira me disse que não tinha como arranjar as injeções e confirmou que o tratamento não estava disponível em comprimidos. Agradeci e desliguei. Liguei para um conhecido com contatos no setor farmacêutico. Ele também me garantiu que era impossível conseguir aquilo sem ir a um médico.

Telefonei para John.

– Olha – comecei –, detesto ter que dizer isso, mas...

– Você não conseguiu arranjar pra mim – atalhou ele, completando minha frase.

– Não, mas talvez eu possa encontrar alguém em Nova York para aplicar as injeções.

– Quer dizer que eu teria que me consultar com algum médico fodão?

– Sim – confirmei. – Entendo que a logística não seja das melhores, mas a única outra maneira seria encontrar um médico disposto a atender você em domicílio.

Ele pareceu decepcionado, mas não prolongou o assunto. Na verdade, sua pergunta seguinte me pegou totalmente de surpresa.

– Você é canadense? Pelo sotaque, parece.

Eu ri e contei a ele sobre a gagueira que enfrentei na adolescência, sobre como a superei com exercícios e sobre meu sotaque nova-iorquino, sobre como estudei radialismo na City College e como isso resultou em um modo de falar neutro que, pelo jeito, me fazia soar canadense. Após mais 10 ou 15 minutos de amenidades, John desligou de repente. Assim como Yoko, ele raramente se despedia.

No dia seguinte, Yoko ligou, o que não era surpresa, é claro, uma vez que ela mantinha contato pelo menos uma vez por dia. Eu continuava fascinado com esse padrão, por mais desconcertante que fosse. Mas dessa vez foi diferente: o telefonema era para me alertar.

– John ficou decepcionado com você – disse ela. – Ficou desapontado porque você não conseguiu os comprimidos.

– Yoko, eu nunca falei que eram comprimidos. Contei para você que eram injeções.

– Você me disse que foi a um médico e que ele lhe deu uns comprimidos que fizeram você perder peso – insistiu ela.

– Com todo o respeito, não foi isso que eu disse...

– É muito importante que você cumpra toda promessa que fizer para John – continuou ela, ignorando minha correção e me dando um conselho que mais tarde se mostraria inestimável. – Não prometa a John nada que não possa cumprir. Nunca o decepcione. Ele tem um problema com confiança, em acreditar na honestidade das pessoas.

No fim das contas, ele não deve ter ficado tão decepcionado, pois passou a me ligar quase todos os dias. E não só para falar sobre comprimidos para emagrecer. Naquelas primeiras semanas, nossos telefonemas logo se tornaram longos bate-papos sobre política, história, teologia, entre outros assuntos. Conversávamos muito sobre livros; John sempre me dava sugestões de leitura e começou inclusive a me enviar pelo correio os livros que indicava. Quando eu abria minha correspondência, estava cheia de suas remessas. Os livros continham não só dedicatórias como muitas vezes também as anotações garranchudas que ele fazia nas margens. No dia seguinte, ele me ligava para perguntar se eu já os havia terminado de ler.

Yoko, é claro, também me ligava quase todos os dias, o que significava que eu de repente estava profundamente mergulhado em um extravagante triângulo telefônico. Era atordoante e excitante, mas, para ser sincero, também consumia muito do meu tempo. Às vezes Yoko concluía uma conversa de 2 horas dizendo que John queria falar comigo. Então transferia o telefone para ele e eu passava as 2 horas seguintes falando com John.

Eu ainda tinha algo parecido com uma vida pessoal: um programa de rádio que exigia minha atenção, um cachorro que precisava passear, vizinhos que às vezes me convidavam para sair. Porém, cada vez mais, eu me sentia dividido, como um super-herói relutante com sua dupla identidade. Um Elliot Mintz era um apresentador de rádio de temperamento dócil; outro levava uma vida clandestina – o amigo secreto de John e Yoko –, algo que mesmo meus amigos mais íntimos desconheciam.

MAIS OU MENOS SEIS SEMANAS depois da minha entrevista com John, lembro que fui a uma das épicas festas de fim de ano de Micky e Samantha Dolenz. Dolenz tinha usado parte do dinheiro que fizera com *The Monkees* para comprar sua mansão na Horse Shoe Canyon Road, um chalé suíço de quatro andares construído na década de 1930 por um arquiteto da Disney. Todo ano, em novembro, ele e a esposa ofereciam um jantar de

Ação de Graças para aqueles que Samantha chamava de órfãos de Laurel Canyon: todos que não tinham família na Califórnia ou, por qualquer motivo, não tinham aonde ir. Eram eventos luxuosos, pelo menos para os padrões contraculturais do bairro. Sobre as mesas, taças de cristal no lugar dos habituais potes de geleia ou copos de papel, jogos de mesa completos, talheres de prata e travessas de porcelana chinesa que acomodariam um banquete dos deuses: não apenas um peru, mas quatro aves gigantescas assadas à perfeição nos fornos da sua cozinha, que era ultramoderna para os anos 1970.

Micky e eu estávamos nos tornando bons amigos, e ele me recebeu à porta com um abraço apertado.

– Todo mundo ainda está comentando sobre a sua entrevista com John Lennon – declarou ele com um sorriso, enquanto me conduzia para dentro de casa.

E ele tinha razão. Enquanto conversava com os outros convidados – Donovan, Brian Wilson, Danny Hutton, Beau e Jeff Bridges –, com frequência eu era bombardeado com perguntas sobre aqueles 40 minutos na rádio. Em determinado momento, Alice Cooper, mais um dos órfãos de Laurel Canyon, me puxou de lado, passou um braço por cima dos meus ombros e me perguntou com uma admiração quase infantil:

– Como é que foi, Elliot? Como foi entrevistar John Lennon?

– Foi como conversar com um velho amigo – foi tudo em que pensei.

Obviamente não contei a Cooper como, mais cedo naquele dia, eu tinha passado algumas horas conversando animadamente tanto com John quanto com Yoko, assim como no dia anterior e no anterior àquele também. Ninguém naquela festa – ou em qualquer lugar do planeta, por sinal – fazia a menor ideia de que minha vida estava sendo cada vez mais consumida por dois estranhos famosos que, até então, eu sequer tinha conhecido pessoalmente.

Isso, no entanto, estava prestes a mudar.

QUATRO
Ojai, 1972

Pareciam as instruções que você recebe de um sequestrador.
— Dirija 5 quilômetros e meio até ver um grande carvalho. Atrás dessa árvore tem um descampado. Do outro lado do descampado há um telefone público. Contorne o descampado até chegar ao telefone. Você vai ver uma perua verde estacionada por perto…

A voz que dava essas instruções do outro lado da linha era de Peter Bendrey, também conhecido como "Peter, o Fornecedor". Membro de longa data do círculo íntimo de John e Yoko, Peter tratava de vários assuntos para o casal – assuntos que iam bem além do que seu apelido sugeria. Para John, ele era um faz-tudo. Para Yoko, às vezes produzia os catálogos para suas exposições de arte. Outras vezes, ele era motorista, serviço que estava fazendo quando me deu as coordenadas até o telefone público do outro lado de uma colina e atrás de um grande carvalho.

Mas estou me adiantando. Vamos voltar algumas semanas…

No fim de maio de 1972, John e Yoko decidiram fazer uma viagem atravessando o país. Embora obviamente conhecessem Nova York e, até certo ponto, Los Angeles, os dois tinham visto a maior parte do que havia entre uma costa e outra a 9 mil metros de altitude. Então, para explorar as planícies frutíferas e as cordilheiras majestosas em terra firme, eles se enfiaram em sua enorme perua verde Chrysler Town & Country (a "Dragon Wagon", ou perua dragão, como a chamavam) e, com Peter, o Fornecedor, ao volante, partiram para desbravar os Estados Unidos.

Verdade seja dita, havia outro motivo mais urgente para a viagem. John me contaria, pouco tempo depois de nos conhecermos, que tanto ele quanto Yoko estavam em abstinência de metadona, uma droga que passaram a usar depois de se viciarem em heroína. Largar a metadona não era nada fácil; há quem diga que a abstinência é pior do que a da heroína. Durante a viagem, John e Yoko devem ter sofrido uma série de efeitos, como calafrios, febre, dores musculares, náuseas, suores, taquicardia e irritabilidade, mas a companhia de Peter sem dúvida lhes trouxe algum alívio. A maconha, no fim das contas, fazia maravilhas para aplacar o desconforto, e se havia algo que o motorista deles sabia arranjar, esse algo era a erva.

John havia sugerido vagamente que talvez os dois viajassem para o oeste no futuro; mencionara isso de passagem em uma das cartas que me enviara nessa época. Só que não tinha compartilhado nenhum detalhe, e eu não sabia que eles já estavam atravessando o país. Continuaram me telefonando todos os dias, provavelmente de hotéis de beira de estrada ou de onde quer que pernoitassem. Nunca imaginei que poderiam vir à Califórnia tão cedo, nem que me convocariam para o nosso primeiro encontro em pessoa.

Quando atendi ao telefone por volta do meio-dia de uma sexta-feira de junho, ainda me espreguiçando na cama, fiquei mais do que surpreso ao ouvir Peter do outro lado da linha.

– John e Yoko querem ver você – anunciou ele. – Estão aqui. Acabamos de chegar.

– Sério? – repliquei. – Ah, que ótimo. Quando eles querem marcar?

– Hoje à tarde.

– Claro, vou ficar muito feliz!

Imaginei que o encontro aconteceria em um hotel em Los Angeles – o Beverly Wilshire, talvez, ou o Beverly Hills Hotel –, mais ou menos a 15 minutos de Laurel Canyon. Mas então Peter começou a me explicar como chegar a Ojai, uma pitoresca cidade nas montanhas cerca de 130 quilômetros ao norte de Los Angeles.

Não entendi como ou por que John e Yoko tinham ido parar em Ojai. Fiquei pensando se Peter não teria pegado uma saída errada na Pomona Freeway. Ou se os Lennon resolveram tomar um desvio e embarcar em uma jornada espiritual. Naquela época, antes de se tornar famosa pelas massagens com pedras quentes e outras especialidades de spas, Ojai era um retiro metafísico, um centro de contemplação filosófica e transcendental. O próprio J. Krishnamurti tinha uma casa lá.

Eu conhecia um pouco a região, pois já a havia visitado várias vezes. Justamente por isso, fiquei um pouco aflito ao saber que era lá que John e Yoko queriam me encontrar: mesmo com pouco trânsito, eu levaria no mínimo uma hora e meia no percurso, saindo de Laurel Canyon, ainda que raramente houvesse trânsito numa tarde de sexta naquela época. Aliás, sendo uma sexta-feira, eu tinha um programa de rádio para apresentar, o que significava que precisaria estar de volta às nove da noite.

Não havia tempo a perder.

Vesti às pressas uma calça jeans e uma camisa havaiana, peguei o elevador até o nível da rua, entrei no meu carro (tinha me livrado havia pouco tempo do Morris Minor e feito um upgrade para um Jaguar branco antigo, modelo sedã, com interior vermelho, e que logo se mostraria uma fonte inesgotável de problemas mecânicos) e segui em direção à Pacific Coast Highway. Essa parte da viagem dispensava as orientações elaboradas de Peter: bastava seguir a rodovia na direção norte e pegar uma reta até Ventura, então virar à direita na saída para Ojai. Na verdade, eu conhecia o trajeto tão bem que dirigi no piloto automático, baixando a janela para aproveitar a brisa do mar.

Devo admitir que me sentia meio nervoso: em parte, porque estava preocupado de não conseguir seguir as instruções confusas de Peter quando chegasse aos arredores de Ojai, mas também por não saber como seria meu primeiro contato físico com John e Yoko. Por mais próximos que nós três tivéssemos nos tornado naqueles últimos oito meses, nossa relação se dava inteiramente por meio de cabos telefônicos. Quando eu deixasse de ser uma mera voz etérea e me tornasse uma entidade corpórea, será que o feitiço da nossa amizade perderia seu encanto? Será que o Elliot de carne e osso estaria à altura das expectativas deles?

Depois de 1 hora e 45 minutos, finalmente encontrei o caminho até o carvalho. Estava exatamente onde Peter tinha dito. Também vi a cabine telefônica do outro lado do descampado, no local indicado. Continuei seguindo a estrada e contornei o pasto malcuidado até chegar ao ponto designado. Dito e feito, lá estava a perua verde.

Nosso momento tinha chegado.

Respirei fundo, saltei do carro e me aproximei hesitante do veículo.

Notei que uma das portas traseiras estava se abrindo e vislumbrei uma pequena figura feminina, vestida de preto dos pés à cabeça. Descansando no banco de trás, havia um homem esguio, de barba comprida e óculos coloridos de fio de aço.

Yoko saiu da perua, parou diante da porta e, pela primeiríssima vez, me olhou de cima a baixo. Fiz a mesma coisa com ela. Ela era ainda mais baixa e magra do que parecia nas fotos, com o cabelo comprido preto batendo na cintura.

– Vai lá – ouvi John dizer –, dá um abraço nele.

Como já falei, demonstrações físicas de afeto não eram a praia de Yoko. Mesmo assim, ela se aproximou para me dar uma espécie de abraço – mais exatamente, um tapinha de leve nas costas. Em seguida, John saltou do carro. Abraços eram *totalmente* a praia dele. Ele me apertou com tanta força que fiquei um pouco sem reação. John não era nenhum gigante – tinha mais ou menos 1,80 metro –, mas eu era bem mais baixo; ele me olhava de cima enquanto me puxava contra seu peito.

– Que bom conhecer você.

Depois de mais algumas amenidades, John me orientou a segui-los até a casa onde estavam hospedados. Na época, não entendi por quê, mas eles pareciam com pressa para voltar. Então, fui para o meu carro e passei cerca de 10 minutos seguindo a perua por estradas de terra esburacadas, até pararmos diante de uma casa no meio do nada.

Era uma casa térrea sem jardim, com dois quartos pequenos, uma cozinha minúscula e, nos fundos, uma piscininha com trampolim. Mais tarde, eu descobriria que essa casa aparentemente comum tinha uma longa e célebre história. Construída em 1905 por um veterano da Guerra de Secessão, fora comprada por um professor de filosofia aposentado da Vassar College, mas, nos anos 1960, um advogado de esquerda e sua esposa a adquiriram para transformá-la em uma espécie de "refúgio" para pacifistas radicais que queriam se esconder das autoridades.

– Tá com fome? – perguntou John assim que entramos, a porta de tela batendo atrás de nós.

– Eu comeria alguma coisa – respondi.

Tirando uma banana enquanto descia o elevador em Laurel Canyon, não tive tempo de comer nada o dia inteiro.

– Fica à vontade – falou ele, apontando para a cozinha minúscula antes de seguir Yoko até os fundos, em direção à piscina.

Não tinha nada na geladeira. Pelo menos nada que parecesse comestível – apenas algumas garrafas com água e alguns potes com substâncias não identificáveis e de aparência pouco convidativa, que supus serem algum tipo de comida natureba. Um dos efeitos colaterais da abstinência de metadona é a perda de apetite, o que poderia explicar por que havia tão poucos suprimentos ali. Mas, à medida que os conhecia melhor, descobri que isso era comum. John e Yoko tinham um paladar não convencional e raramente guardavam na geladeira algo que parecesse minimamente apetitoso.

Depois de vasculhar um pouco, peguei uma garrafa com água e saí para a piscina, onde me vi no meio de uma cena de um filme do Fellini. Yoko, vestindo um maiô preto e óculos de sol fechados nas laterais, estava deitada na prancha do trampolim, olhando diretamente para o céu. O cabelo dela pendia da prancha, pairando poucos centímetros acima da água. Ela parecia tão estática que era quase surreal, como se o tempo tivesse parado, mas também emanava uma beleza de doer o coração. Não conseguia desviar os olhos dela.

Então, ouvi algo se mover atrás de mim.

– Tô botando a minha roupa de banho! – gritou John de trás do biombo de bambu. – Sou meio tímido, sabe.

O que saiu dali um instante depois foi um dos seres humanos mais brancos que eu já tinha visto na vida. Sério, a pele de John era branca como uma folha de papel.

Nós três (eu não fazia ideia de onde Peter estava) ficamos ali na piscina alguns minutos, pegando sol em silêncio. Esperei que alguém falasse algo, mas, por algum motivo, John e Yoko pareciam decididos a se manter calados. Eu estava me sentindo estranho – constrangido, até –, então decidi me manifestar. Antes que eu pudesse abrir a boca, Yoko se levantou de repente e veio andando até as poltronas de vinil onde John e eu estávamos sentados. Ela se inclinou ao pé do meu ouvido.

– Venha comigo – sussurrou, então se virou e entrou na casa.

Olhei para John, intrigado. Ele simplesmente assentiu, então me levantei e obedeci.

Yoko me conduziu por um corredor estreito até um banheiro, onde abriu a torneira da banheira – não para enchê-la, apenas para fazer barulho. Ela se sentou na borda da banheira e gesticulou para que eu fizesse o mesmo.

– A casa foi grampeada – explicou tão baixinho que precisei me esforçar para ouvir. – Tudo que falamos está sendo gravado. Eles estão ouvindo tudo. – Ela se inclinou mais na minha direção. – Não repita nada do que dissermos. É muito perigoso. Nem mesmo conte a ninguém que nos conhece, ou eles podem começar a espionar e seguir você também.

– Mas, Yoko – sussurrei de volta –, por que "eles" se importariam comigo? Sou totalmente inofensivo…

– Todo tipo de gente quer saber o que fazemos e para onde vamos – esclareceu ela, impaciente. – Somos muito cuidadosos com as pessoas em quem confiamos. Todos nos traem. Então guarde segredo sobre nós.

Foi a primeira vez que um deles deixou explícito o caráter clandestino da nossa amizade, embora não fosse a primeira vez que os ouvia reclamar sobre estarem sendo vigiados. John havia mencionado o assunto em várias ocasiões, interrompendo nossas conversas telefônicas para indicar o som de um clique na linha – uma prova de que, na cabeça dele, os agentes de J. Edgar Hoover estavam escutando. Certa vez cometi o erro de comentar que, se o governo quisesse grampear o telefone deles, já devia existir uma tecnologia que disfarçasse os tais cliques. John ficou com tanta raiva do meu ceticismo que passou dias furioso. Eu nunca mais disse nada parecido.

Mas, sentado na borda da banheira com Yoko, tentando decifrar seus sussurros abafados pelo barulho da água corrente, fiquei me perguntando se as suspeitas até certo ponto compreensíveis não beiravam a paranoia. Era difícil para mim imaginar uma força-tarefa de agentes do FBI, todos vestidos de preto, entrando às escondidas naquela casa em Ojai para plantar escutas em volta da piscina. Era ainda mais difícil conceber que eles pudessem grampear alguém como eu, um inofensivo apresentador de rádio de Los Angeles. O governo dos Estados Unidos com certeza tinha coisas melhores para fazer.

Conforme eu descobriria mais tarde, não era paranoia nenhuma. John e Yoko estavam de fato sendo vigiados, embora talvez não naquela época e não em Ojai. Uma ação judicial da Lei de Liberdade de Informação movida em meados da década de 1980 revelou centenas de páginas de arquivos secretos sobre John e Yoko, a maioria compilada no fim dos anos 1960 e começo dos anos 1970, quando o presidente Nixon se convenceu de que os Lennon eram uma ameaça à segurança nacional – ou pelo menos aos seus planos de reeleição em 1972.

O ativismo de John e Yoko contra a Guerra do Vietnã – especialmente os *"bed-ins"* pela paz, que tiveram uma grande cobertura da imprensa – era uma pedra no sapato de Nixon. Afinal, a batalha interna era conquistar as mentes e os corações (e os votos) do povo americano, e os protestos públicos de John e Yoko se mostraram uma artilharia pesada na luta pela paz. Mas não era só isso que irritava Nixon. Havia informações de que John e Yoko planejavam invadir e abalar a convenção do Partido Republicano na Flórida em 1972, produzindo um espetáculo embaraçoso comparável à convenção desastrosa do Partido Democrata quatro anos antes, em Chicago. Nixon não podia permitir isso, então ordenou que Hoover, na época diretor do FBI, cavasse alguma informação para incriminar John, algum podre que servisse de pretexto para deportá-lo de volta à Inglaterra.

Na verdade, John não tinha planos de atrapalhar a reeleição de Nixon. Sim, ele e Yoko passavam tempo com ativistas antiguerra como Jerry Rubin e Abbie Hoffman, que haviam colado no casal assim que se mudaram para Nova York. E, sim, Rubin e Hoffman de fato bolaram um plano para enviar John e Yoko à convenção na Flórida. Só que isso nunca aconteceria. John não era partidário; desconfiava de políticos de todas as inclinações ideológicas e quase nunca se envolvia em campanhas.

– Eu nunca votei na minha vida – admitiu ele para mim certa vez –, e nunca disse a ninguém em quem votar.

A ideologia de John, pelo que pude entender dos meses em que conversamos ao telefone, estava mais para uma coleção dispersa de ideias e conceitos – alguns dos quais, naquela época, poderiam parecer radicais aos apoiadores de Nixon – do que para um sistema de crenças. Ele era um defensor do amor livre, do feminismo e do direito ao aborto. Apoiava fervorosamente a legalização da maconha. Mas, acima de tudo, acreditava que o mundo deveria "dar uma chance à paz", como colocou de forma tão eloquente na música que se tornaria um hino para o movimento pacifista.

Além disso, era difícil associá-lo a alguma agenda política específica.

Ele era John Lennon, o cara que imaginou um mundo de paz e amor; *essa* era a política dele.

SE AQUELA TARDE EM OJAI *tivesse* sido gravada pelo FBI – e não havia provas em nenhum dos arquivos recuperados pela Lei de Liberdade de Informação de que tenha sido o caso –, tudo o que governo teria ouvido seria uma conversa agradável entre três bons amigos que se encontravam pessoalmente pela primeira vez. Qualquer receio que eu tive antes do encontro logo se dissipou quando começamos a conversar à beira da piscina, tão confortáveis uns com os outros quanto sempre nos sentimos ao telefone. E, apesar da certeza de estarem sendo gravados pelo FBI, John e Yoko acabaram falando bastante.

Em determinado momento, quando Yoko entrou em casa por alguns instantes, John se inclinou para mim e compartilhou uma pílula de sabedoria sobre sua esposa.

– Olha, amigo – sussurrou ele –, tem uma coisa que você precisa saber sobre a Mãe. Ela vai te contar umas coisas que não fazem sentido. Vai pedir que você faça umas coisas que parecem meio doideira. Vai ter horas que você vai achar que ela é totalmente maluca. Mas faz o que ela pedir. Ela quase sempre tem razão. Vê coisas que as outras pessoas não enxergam.

Eu assenti, embora não tenha percebido na época quanto aquele conselho era valioso. Então mudei de assunto:

– Você acha que conseguiria viver em Ojai? Ou em algum outro lugar no interior? Conseguiria morar fora da cidade grande?

– Nunca – respondeu ele sem titubear. – A Mãe é filha do mar; é o que o nome dela significa em japonês. E eu venho de uma cidade litorânea. Liverpool tá no meu sangue. E Nova York estimula minha criatividade, por mais que às vezes me deixe louco. Viemos pra cá fugir um pouco e ficar limpos, mas mal posso esperar pra cair fora desta porra.

Como acontecia em todas as minhas conversas com John e Yoko, o tempo pareceu escorrer pelos dedos e, quando me dei conta, o céu tinha assumido um brilho arroxeado enquanto o sol começava a descer lentamente no horizonte. Eram quase sete da noite, e eu precisava voltar a Los Angeles para apresentar meu programa. Me despedi depressa e comecei a me preparar para pegar a rodovia, mas, quando eu estava prestes a entrar no carro, John me deteve.

– Tenho um presentinho pra você – comentou com um largo sorriso, gesticulando para Yoko vir até mim.

Ela pôs um disco de vinil em minhas mãos. Não havia nada escrito na capa de papelão. O disco era tão recente que ainda não havia arte ou texto impresso na capa. Apenas uma dedicatória escrita à mão no selo: "Para Elliot. Com muito amor, de John Lennon e Yoko Ono." Estava datado de 9 de junho, mas John se enganou em relação ao ano e escreveu 1971.

– É nosso novo álbum – prosseguiu ele. – Chama-se *Some Time in New York City*. Ninguém ouviu ainda. Não o demos a ninguém. Queremos que fique com ele. Que tal você tocá-lo na rádio hoje à noite?

Aquilo não era um "presentinho", era uma honra incrível. John e Yoko estavam me dando a primeira prensagem de um álbum em que tinham trabalhado durante quase um ano, assim como o privilégio de lançá-lo no meu programa. Fiquei sem reação.

Não fazia ideia do conteúdo do álbum e não tinha como ouvi-lo enquanto corria pela estrada de volta a Los Angeles. Mesmo assim, quando entrei às pressas no estúdio da rádio, a poucos minutos de entrar no ar, já havia tomado a decisão de tocar o disco inteiro ao vivo, sem interrupções. Nem pensei duas vezes. Afinal, eu tinha um trunfo que nenhuma outra rádio no mundo possuía: tocar em primeira mão o álbum mais recente de John e Yoko.

– Senhoras e senhores, vou agora passar alguns anúncios e depois, ao longo da próxima hora, tenho algo muito especial para vocês – anunciei pelas ondas de rádio. – Vamos tocar na íntegra o mais novo álbum de John Lennon e Yoko Ono, e vamos todos ouvi-lo juntos pela primeira vez.

Poucos minutos depois, quando terminaram os comerciais, gesticulei para meu engenheiro de som atrás da parede de vidro para baixar o braço da vitrola no disco de vinil.

Bastaram 15 segundos para eu perceber que estava encrencado. Quando John começou a cantar a palavra que começa com N na primeira faixa do álbum – um longo discurso protofeminista intitulado "Woman Is the N— of the World" (A mulher é o negro do mundo) –, meu engenheiro de som ficou de queixo caído. Olhamos um para o outro, em pânico. Não havia como parar. Depois de prometer o disco inteiro aos ouvintes, sem interrupções comerciais, tivemos que tocar o restante dele, estremecendo durante canções sobre a rebelião no Presídio Estadual de Attica, com versos como *"Free the prisioners, jail the judges"* (Libertem os prisioneiros, prendam os juízes); sobre a prisão da professora universitária marxista Angela Davis, que dizia *"Angela, you're one of the millions/ Of political prisoners in the world"* (Angela, você é uma entre milhões/ de prisioneiros políticos no mundo); e sobre o domínio colonial britânico na Irlanda: *"land full of beauty and wonder/ ... raped by the British brigands"* (terra cheia de beleza e maravilhas/ ... violentada pelas brigadas inglesas).

John e Yoko não eram radicais que faziam atentados a bomba, mas sem dúvida sabiam como atirar um coquetel molotov musical no espírito cultural da época. *Some Time in New York City* era um dos álbuns mais politicamente incendiários que eu já ouvira na vida.

No geral, em se tratando de política, John estava mais interessado em pregar paz e amor do que em promover questões específicas. Portanto, aquele disco foi uma grande mudança, que me pegou totalmente de surpresa, sobretudo vindo de duas pessoas que eu julgava conhecer tão bem. Até onde eu sabia, John e Yoko nunca tinham gravado canções daquele tipo, assim como ninguém mais. Não que eu achasse que eles haviam cometido um erro ao gravar o disco. Eu entendia a intenção: eles queriam conscientizar as pessoas sobre Attica, Angela Davis e a situação na Irlanda. Quando sentiam algo, eles se expressavam. E certamente se expressaram naquele disco.

Mas isso não tornou meu dia mais fácil. Quando o álbum enfim acabou, suspeitei que minha carreira tivesse acabado também. Foi uma longa viagem de volta para casa às duas da manhã.

Como esperado, no dia seguinte fui chamado à sala do diretor.

– Vamos fazer mudanças na programação no seu horário – anunciou ele.

Meu chefe não precisou dar mais explicações; eu sabia que as tais mudanças me dispensavam do comando de um microfone. Quando voltei para casa, recém-desempregado, a primeira coisa que fiz foi pegar o telefone e ligar para John.

– Bom – falei –, tenho boas e más notícias.

– Quais são as boas? – perguntou ele.

– Toquei o álbum inteiro sem intervalos comerciais ontem à noite.

– Porra, genial! – exclamou ele, repetindo a notícia para Yoko, que devia estar por perto. – Mãe, ele tocou o disco inteiro ontem à noite. O disco inteiro!

– A má notícia – continuei – é que perdi o emprego.

A linha ficou muda por um instante enquanto John processava a informação. Então, caiu na gargalhada.

– E, Mãe, ele foi demitido! – ouvi John gritar para ela. Ouvi Yoko rir também.

Naturalmente, eu não achei tanta graça. Gostava do meu trabalho. Gostava da rádio. Gostava de ter um salário. De uma hora para outra, eu estava na rua da amargura. Não fazia ideia se um dia trabalharia em rádio de novo.

Quando parou de rir, John perguntou:

– O que vai fazer agora?

– Ainda não tenho nenhum plano em mente – respondi com frieza.

– Bom, por que não volta aqui para Ojai? Estamos indo para São Francisco. Vem com a gente, Ellie. Entra pro circo!

O que mais eu poderia fazer?

Respondi que sim.

PARTE DOIS

MAGICAL MYSTERY TOUR

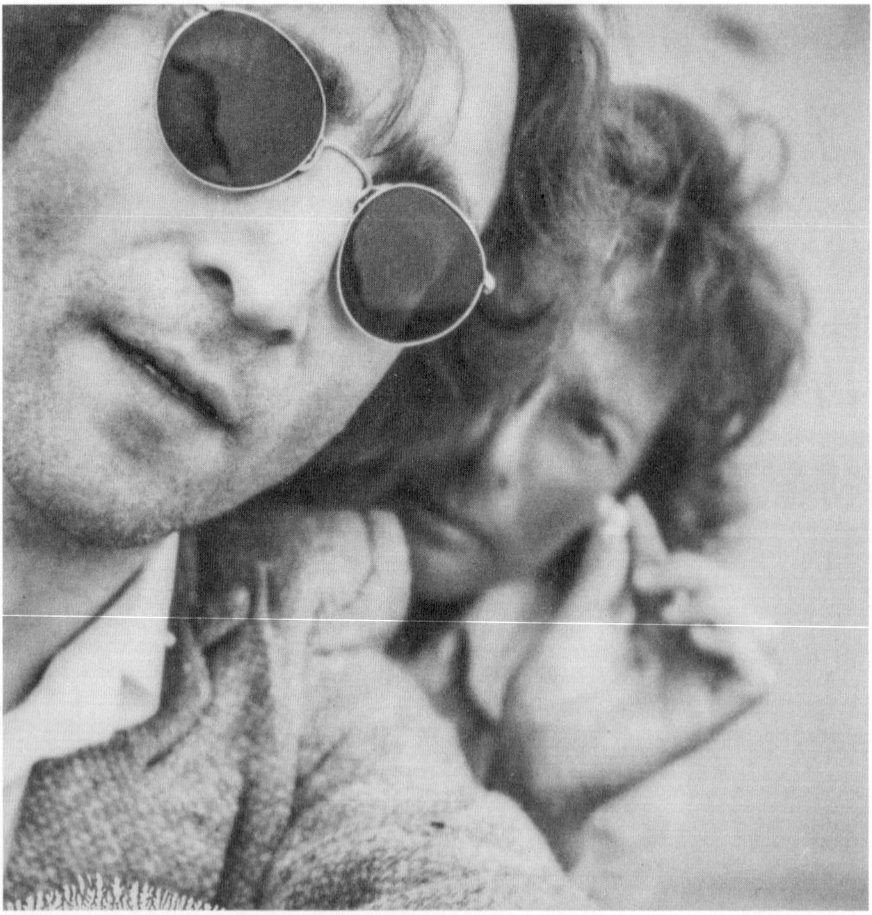

CINCO
São Francisco, 1972

A memória é uma coisa curiosa.

Mesmo hoje, todos esses anos depois, consigo me lembrar perfeitamente da voz de John ao telefone – o sotaque cadenciado de Liverpool, as expressões bobas que ele às vezes usava quando estava feliz, seu tom tenso quando não estava –, como se tivéssemos nos falado minutos atrás. Se eu fechar os olhos, apertar a ponte do nariz e me concentrar mais um pouco, consigo reconstruir conversas inteiras, as lembranças me atropelando como se eu tivesse mordido uma madeleine de Proust.

Ainda assim, por algum motivo, por mais que eu me esforce, não consigo recordar exatamente como fui de Laurel Canyon a Ojai para me juntar a John e Yoko em sua viagem para São Francisco. Não fui dirigindo meu Jaguar recém-comprado, cheio de problemas mecânicos. Não o teria abandonado ali, enquanto todos entrávamos na Dragon Wagon durante o que acabaria sendo uma viagem de semanas. Não lembro se peguei um trem ou um ônibus para Ojai. Será que aluguei um carro? Se foi o caso, não tenho a menor lembrança disso.

Não importa. O que eu de fato me lembro, de maneira cristalina, é de estar sentado no banco da frente ao lado de Peter, com John e Yoko esparramados atrás, cruzando a Pacific Coast Highway a toda velocidade em direção à Cidade Dourada com "The Loco-Motion" tocando no volume máximo no excêntrico aparelho de som portátil de John.

"*I know you're gonna like it if you give it a chance now...*", cantava Little Eva pelos alto-falantes. "*My little baby sister can do it with ease.*"

Vale lembrar, estávamos em 1972. O tocador de fitas tinha sido introduzido como um acessório para carros três anos antes. Os cartuchos de oito faixas eram usados em rádios automotivos desde 1965. Mas, por algum motivo, a perua fora adaptada com uma vitrola que só tocava discos de 45 rotações. O aparelho ficava montado sobre o painel, à direita do banco do motorista, o que o tornava bem pouco confiável. Se o carro passasse por um pequeno desnível na estrada, por menor que fosse, a agulha saltava no disco de vinil.

Mesmo assim, John adorava aquilo. Ele ficava sentado no banco de trás com uma pilha de singles – "Long Tall Sally" (*"She's built for speed, she got/ Everything that Uncle John need"*); "Whole Lotta Shakin' Going On" (*"We ain't fakin'/ Whole lot of shakin' goin' on"*); "Don't Be Cruel" (*"If you can't come around/ At least please telephone"*) – e os passava para Peter, que os colocava na vitrola feito um jukebox humano.

A música alta dificultava as conversas. Eu tinha que virar o corpo inteiro para trás para encarar John e gritar minhas perguntas ou comentários sobre o que quer que estivesse tocando. Por incrível que pareça, Yoko pareceu dormir durante a maior parte do trajeto, a cabeça recostada contra a janela.

– Sempre gostei desta! – gritei, quando Rosie and the Originals começaram a cantar seu maior sucesso dos anos 1960, "Angel Baby".

John assentiu.

Rosie cantava pelos alto-falantes: *"It's just like heaven being here with you."*

– Acho que Rosie Hamlin compôs e gravou esta música quando tinha apenas 14 anos! – continuei.

– É, ela gravou em alguma garagem perto de Los Angeles, em um cartucho de duas faixas, mas não conseguia ninguém para ouvir! – berrou ele de volta. – Uns filhos da puta desonestos roubaram a música dela e embolsaram o dinheiro!

– Acontecia bastante naquela época!

John me encarou longamente.

– Nem me diga, Angel Baby! – falou ele. – Aconteceu com a gente!

Percebi que ele se referia ao tenso contrato de publicação dos Beatles com a Northern Songs, a editora musical que, durante algum tempo, deteve os direitos sobre o catálogo da banda.

"You're like an angel, too good to be true", cantava Rosie.

Mais tarde, enquanto "Born to Be Wild", dos Steppenwolf, retumbava da vitrola, tentei ver se tinha mais sorte conversando com Peter. Ele não fazia exatamente o tipo tagarela – habilidades interpessoais não eram seu forte –, mas pelo menos eu não precisaria berrar, já que ele estava sentado bem ao meu lado.

– Eles ouviram muita música enquanto você dirigia pelo país? – perguntei.

– Às vezes – respondeu ele, mastigando um punhado de frutas secas que deixava em um saquinho ao seu lado. – Às vezes conversavam ou só dormiam.

– É incrível que Yoko consiga dormir agora – mencionei, enquanto os riffs de teclado de Goldy McJohn preenchiam o interior do carro.

– Ah, ela não está dormindo – retrucou ele, sorrindo. – Está só com os olhos fechados.

Após cerca de 3 horas de viagem, enquanto nos aproximávamos de Big Sur, John pediu que Peter encontrasse um lugar perto da praia onde pudéssemos parar.

– Preciso esticar as pernas – anunciou ele.

Poucos minutos depois, encontramos um estacionamento quase vazio de frente para algumas dunas. Com exceção de uns surfistas, a costa estava vazia. Então, nós quatro saímos do carro e atravessamos a faixa de areia até o quebra-mar. Yoko estava enrolada em um xale de seda preto, cujas pontas se agitavam atrás dela ao vento; parecia uma beduína no Saara. John não se limitou a esticar as pernas; ficou girando e dando piruetas na areia, realizando um número de dança moderna com os pés descalços, no ritmo de uma melodia que só ele conseguia ouvir. Peter, enquanto isso, estava parado, de costas para o vento, seus dedos ocupados com o que logo descobri ser um baseado enorme.

Yoko nunca fumava maconha – odiava o cheiro. Preferia drogas inodoras como cocaína, comprimidos ou heroína. John, por outro lado, gostava muito de maconha e fumava várias vezes por dia. Depois que Peter acendeu o beque – o que não foi uma tarefa fácil com aquele vento –, ele o passou para John, que deu uma tragada longa e impressionante, então o entregou para mim. Examinei o trabalho de Peter, com inveja de sua habilidade para enrolar baseados, dei um tapa e quase botei os pulmões para fora de tanto tossir. A maconha de Peter era uma cepa de *cannabis* muito mais potente do que o orégano que eu fumava em casa, em Laurel Canyon. Além disso, eu tinha a impressão de não comer nada em dias – John e Yoko, ainda em abstinência da metadona, não pensaram em parar em nenhum dos restaurantes ou lanchonetes no caminho –, por isso o fumo foi direto para a minha cabeça.

Então, sim, podemos dizer que fiquei doidão com uma ajudinha dos meus amigos.

Não comecei a ouvir cítaras imaginárias nem a alucinar com dragões no céu; por mais forte que fosse, ainda era maconha, não ácido. Mas de fato ampliou minha percepção das coisas ao redor – o salgado do ar marinho, o bater ritmado das ondas – e reenquadrou minha consciência sobre o universo e meu lugar infinitesimalmente pequeno nele. Isso ajudou a pôr tudo em perspectiva.

Eu estava desempregado. Não fazia ideia de quando ou onde arranjaria outro trabalho. Minha conta bancária logo estaria zerada. Mesmo assim, rodopiando e rindo com John naquela praia vazia em Big Sur enquanto Yoko nos observava com um sorriso, senti uma satisfação e um pertencimento profundos. Embora não tivesse plena consciência disso na época, olhando para trás agora, passados cinquenta anos, aquele deve ter sido um dos momentos mais felizes da minha vida.

Depois de 30 ou 40 minutos de descontração, John avisou que estava na hora de retomar a viagem, então caminhamos pela faixa de areia e entramos mais uma vez no carro. John deu um beijo na testa de Yoko e a envolveu em uma manta leve enquanto ela se aconchegava contra ele no banco de trás. Depois que Peter manobrou de volta para a Pacific Coast Highway, John lhe entregou outro disco e ficamos todos escutando em um silêncio chapado "A Whiter Shade of Pale", de Procol Harum.

"*We skipped the light fandango*", cantava Gary Brooker com a voz carregada de emoção, entoando os versos que intrigaram gerações de fãs de rock. "*Turned cartwheels 'cross the floor*".

Quando a canção terminou, eu me virei e perguntei a John se ele sabia o que significava.

– Como assim, o que a música significa? – retrucou ele.

– O que a letra quer dizer.

– Não – falou ele. – Não é assim que eu ouço música. É como "Tutti Frutti": o que a letra quer dizer? O que importa são o ritmo, a variação dos acordes, a batida. É isso que me faz gostar de uma canção.

– Entendi. Mas *Some Time in New York City* com certeza tem um significado que vai além da batida. Também é sobre o que você está pensando e como está se sentindo.

John pareceu um pouco incomodado com o questionamento. Ele não gostava de dissecar a própria obra.

– É culpa da Yoko – argumentou. – É ela quem está sempre me incentivando a expressar a porra dos meus sentimentos.

Yoko entrou na conversa:

– Elliot, não percebe que John nunca teve a oportunidade de falar sobre o que sentia? Os professores dele não o compreendiam. A tia queimava os poemas dele. Outras pessoas o manipularam. Agora, pela primeira vez, ele está livre para se expressar e expor seus verdadeiros sentimentos.

Foi quando John expressou um verdadeiro sentimento contra o qual eu mesmo vinha lutando durante toda a viagem:

– Preciso muito comer alguma coisa.

Agradeci mentalmente aos céus – estava morrendo de fome – e mencionei que estávamos a cerca de meia hora da área de Fisherman's Wharf, em Monterey, onde havia um monte de restaurantes. No instante em que fiz essa sugestão, porém, percebi que era uma péssima ideia: eles eram John Lennon e Yoko Ono. Não podiam aparecer em um píer cheio de gente sem qualquer segurança. As coisas poderiam ficar tensas. Mas John descartou minhas preocupações.

– Não esquenta, Ellie – falou com um sorrisinho. – Vamos ver qual é a desse píer.

"Ellie" foi o primeiro apelido que John me deu, mas nem de longe o último. Como eu logo ia descobrir, ele estava sempre criando personagens diferentes, tanto para mim quanto para si próprio. E eles podiam surgir de qualquer lugar. Vários anos depois, John estava preparando comida e trouxe um wok grande, muito bonito, para cozinhar legumes. Quando o vi, comentei: "Que belo wok." E isso se tornou um apelido e mais um personagem para ele: "O Belo Wok".

Enquanto Peter seguia para o norte, em direção a Monterey, John e

Yoko começaram a agir de forma estranha. Passaram a sussurrar um para o outro. Depois de um tempo, os sussurros ficaram mais intensos, então se tornaram um mantra ou algo parecido com um canto Hare Krishna. Não consegui entender bem as palavras que entoavam – soavam um pouco como "Ferve e queima carmesim", talvez, ou "Fede e teima no parquinho". Lancei um olhar para Peter. Ele parecia inabalado, então supus que aquilo fosse um comportamento normal. Dei de ombros e decidi deixar pra lá.

Quando chegamos ao cais, meu coração afundou: devia haver uns quinhentos turistas no píer. Não tinha como John e Yoko andarem pelo meio de tanta gente sem serem notados. Porém, antes que eu pudesse fazer qualquer objeção, os dois já tinham saltado do carro e estavam atravessando o estacionamento em direção à multidão. Corri atrás deles enquanto Peter, que continuava estranhamente despreocupado, permaneceu no veículo, petiscando suas frutas secas enquanto vigiava nossos pertences.

Eu estava quase em pânico ao abrir caminho a cotoveladas para alcançar John e Yoko. Conseguia vê-los logo à frente, circulando tranquilamente entre as pessoas que passeavam pelo calçadão do cais e suas inúmeras lojas de suvenires lotadas, sorveterias e agências vendendo tours de observação de baleias. Eu já imaginava o pior: um grande tumulto quando as pessoas reconhecessem quem estava entre elas. Milagrosamente, isso não aconteceu.

O casal mais reconhecível do planeta passou andando pelo meio de centenas de pessoas, e nem uma única alma pareceu saber quem eram eles. Eu não entendia. Como era possível?

Quando os alcancei, rapidamente levei os dois a um restaurante de lagostas na ponta do cais. Eu havia comido ali antes, em uma viagem a Monterey, e lembrava que não era muito iluminado. Demos sorte e conseguimos uma mesa meio isolada, mais para os fundos do salão. Quando estávamos todos sentados, fuzilei ambos com um olhar indagador.

– Como? – foi tudo o que eu disse.

John sorriu, então explicou o que eu havia acabado de testemunhar.

Parece que John e Yoko tinham desenvolvido um método bizarro, mas aparentemente muito eficaz, de controlar multidões. Envolvia uma espécie de jogo mental esotérico no qual eles se disfarçavam mentalmente com identidades alternativas: John se tornava o reverendo Fred Gherkin, enquanto Yoko era sua esposa, Ada. Era isso que estavam entoando no carro pouco antes: "Fred e Ada Gherkin." Por mais improvável que pareça, John e Yoko assumiam esses papéis imaginários de maneira tão plena e autêntica que conseguiam projetá-los para o mundo exterior. Tal como uma capa da invisibilidade capaz de causar hipnose em massa, eles ficavam praticamente indetectáveis.

– Sempre funciona! – exclamou John enquanto desdobrava o guardanapo sobre o colo. Yoko assentiu.

De fato funcionou. Ou, pelo menos, até não funcionar mais.

Quando o garçom veio anotar nossos pedidos, ele também pareceu cair no feitiço de Fred e Ada Gherkin. Então John pediu um filé de peixe. O véu caiu diante dos olhos do garçom no instante em que ele ouviu a voz de John.

– É uma honra, Sr. Lennon – murmurou ele, nervoso. – Sou seu fã desde que vi os Beatles no *The Ed Sullivan Show*.

Ele se atrapalhou com a caneta e pediu que John autografasse um guardanapo. Enquanto John assinava, senti a atmosfera mudar. De repente, enquanto a magia do casal Gherkin se dissipava, todos os olhares se voltaram para nossa mesa. Ouvimos o burburinho acerca dos nomes de John e Yoko em todo o salão e o barulho das cadeiras sendo arrastadas, à medida que as pessoas se levantavam de suas mesas para se aproximarem da nossa.

Mais guardanapos e canetas surgiram na frente de John, que fez o melhor possível para atender aos fãs invasivos. Percebi que tanto ele quanto Yoko estavam ficando muito incomodados. Eu também estava aflito. Pedi que o garçom cancelasse os pratos e acenei para John e Yoko, sugerindo que saíssemos antes que as coisas fugissem ainda mais do controle.

Do lado de fora, a situação também não era favorável: de repente, todos no cais pareciam estar cientes da presença do casal. A maioria das pessoas foi educada, expressando gratidão pela música de John e estendendo as mãos para tocar no braço do ídolo. Mesmo assim, era sufocante, e fiz o máximo para ajudá-los a atravessar a multidão sem chamar tanta atenção, desesperado para alcançar a segurança da perua que nos esperava no estacionamento.

Poucos minutos depois, quando já havíamos conseguido fugir e Peter nos conduzia novamente em direção a São Francisco, perguntei a John e Yoko o que dera errado. Por que o disfarce dos Gherkin tinha falhado?

– É a minha voz – revelou ele, desanimado. – Foi o que quebrou o encanto. As pessoas conhecem a minha voz mesmo antes de conhecer o meu rosto.

Durante as 2 horas seguintes, viajamos em silêncio. Yoko cochilou – ao que pareceu – com a cabeça pousada no ombro de John. Ele olhava pela janela, hipnotizado pelo sol que se punha no horizonte sobre o mar. Ouvi meu estômago roncar. Quando chegamos ao Miyako, o hotel com tema japonês onde John e Yoko às vezes se hospedavam quando iam a São Francisco, já eram nove da noite. Estávamos com fome, cansados e prontos para encerrar o dia.

Mas, quando tentamos fazer o check-in, o recepcionista não encontrou nossas reservas.

As acomodações de John e Yoko tinham sido providenciadas por um agente de viagem em Nova York. Eles sempre usavam pseudônimos para o registro, um procedimento-padrão para celebridades, uma precaução para proteger sua privacidade. Só que, dessa vez, John e Yoko não conseguiam lembrar qual pseudônimo tinham escolhido.

Normalmente era Peter quem fazia o check-in, mas ele estava lá fora, dentro do carro, vigiando a bagagem. John e Yoko estavam parados em silêncio num canto do lobby, avaliando com muita atenção uma pintura na parede. Esse era outro de seus jogos mentais para controlar multidões: acreditavam que podiam desviar a atenção se simplesmente se virassem e fingissem estudar um objeto no recinto. Funcionou até certo ponto, mas eles acabaram me deixando sozinho para resolver o problema com o recepcionista, como se eu fosse um assistente não oficial de John e Yoko – a primeira, mas certamente não a última vez que assumi esse papel.

– Talvez esteja no nome do nosso motorista? – sugeri ao homem atrás do balcão. – Tem algum "Bendrey, Peter" nos seus registros?

– Não, temo que não – respondeu ele, depois de correr os dedos por uma pilha de cartões de reserva.

– E quanto a "Mintz, Elliot"?

– Não, senhor, nada nesse nome também.

Parei para pensar um pouco.

– E "Reverendo Fred Gherkin"?

Ele voltou a conferir os cartões e puxou um deles com um floreio.

– Achei! Tenho quatro quartos reservados para o reverendo – anunciou, apresentando alguns papéis para eu assinar. – Por que não perguntou sobre esse nome logo de cara?

O MIYAKO ERA UM PEQUENO E INUSITADO HOTEL localizado na zona baixa de Pacific Heights, em Japantown, um bairro da comunidade japonesa em São Francisco. O principal atrativo para John e Yoko era o fato de ser um destino pouco requisitado, fora de mão, um lugar no qual ninguém prestava muita atenção. Eles podiam atravessar o lobby com chances menores de ser reconhecidos do que se ficassem, digamos, no Fairmont, um hotel de luxo onde a imprensa farejaria a presença dos dois antes mesmo de a bagagem deles ter chegado ao elevador.

Além disso, o Miyako combinava com o estilo de vida de John e Yoko de outras maneiras. Metade dos quartos era decorada no estilo japonês tradicional, com tatames, futons e biombos. A outra metade tinha um toque mais ocidental, com colchões de molas e sofás estofados, embora ainda houvesse bastante influência asiática, incluindo um serviço de quarto com pratos da autêntica culinária japonesa. O melhor de tudo, pelo menos da minha perspectiva faminta, era que a cozinha do Miyako ficava aberta até tarde. A primeira coisa que fiz depois de acompanhar "Fred" e "Ada" até seus quartos foi pedir um banquete de sushi, que nós três dividimos na suíte deles. Peter, como sempre, tinha desaparecido de vista.

– Ouça, Ellie – comentou John enquanto ele e Yoko beliscavam a comida –, preciso lhe contar uma coisa. Existe um motivo para a Mãe e eu termos vindo a São Francisco. Temos algo a fazer aqui. Provavelmente você não vai nos ver muito.

Assenti com a boca cheia de sashimis.

– Ok – balbuciei enquanto mastigava. – Posso ajudar?

– Não, Elliot – interveio Yoko. – Não pode.

Houve um momento constrangedor enquanto John e Yoko se entreolharam. Então decidiram compartilhar comigo o verdadeiro motivo da viagem a São Francisco: eles queriam ter um bebê.

John, é claro, já tinha um filho, Julian, com sua ex-mulher, Cynthia. Nos anos seguintes, John viria a estabelecer uma relação mais próxima com ele, mas naquela época, em 1972, ainda estava muito afastado do garoto, então com 9 anos. O divórcio de John e Cynthia e seu caso amoroso bastante público com Yoko praticamente destruíram o vínculo entre os dois.

Yoko também tinha uma filha, Kyoko, com o ex-marido, Anthony Cox. Desde o divórcio, Cox se tornara um cristão devoto, que acreditava que o estilo de vida "radical" de Yoko e de seu novo marido era uma ameaça ao bem-estar da menina. Ele basicamente raptara a criança quanto ela tinha apenas 7 anos e passou as décadas seguintes escondendo-a em "abrigos" administrados por seitas religiosas. Em 1998, quando Yoko tinha 65 anos e Kyoko, 31, mãe e filha enfim se reencontraram. Antes disso, Yoko e John gastaram milhares de dólares tentando rastreá-la por anos. A falta de contato com seus respectivos filhos era fonte de grande tristeza para ambos, um assunto sobre o qual eu descobriria muito mais detalhes ao longo do tempo.

Naquele momento, em sua suíte no Miyako, John e Yoko estavam me explicando que queriam desesperadamente ter um filho juntos, mas até ali não haviam conseguido levar uma gravidez a termo. Yoko tinha sofrido vários abortos espontâneos desde que John e ela começaram a tentar. Era isso o que os levara a São Francisco: tinham ouvido falar de um herborista chinês, Yuan Bain Hong, que supostamente fazia milagres relacionados à fertilidade com seus pacientes. Yoko e John se tratariam com Hong pelo tempo que fosse necessário.

Quando acabaram de desabafar, pousei meus hashis e fitei os dois com um olhar demorado e agradecido. Por mais que tivéssemos nos aproximado nos últimos oito ou nove meses, aquilo me pareceu um novo nível de amizade. Fiquei comovido por eles terem confiado em mim o suficiente para compartilhar uma parte tão íntima e dolorosa de sua vida.

– Entendo perfeitamente – falei. – Espero que esse especialista ajude vocês.

Como previsto, não vi muito John e Yoko nas semanas seguintes. Também não vi muito Peter, que estava sempre levando os Lennon de carro pra cima e pra baixo ou resolvendo algo para eles. Em determinado momento, John e Yoko se mudaram para a casa do Dr. Hong em San Mateo, uma cidade próxima, e passaram dias sob os cuidados dele. Depois, saíram dali e foram para o subúrbio de Mill Valley, onde alugaram uma estranha casa circular, sem ângulos retos, que Peter arranjara por meio de um amigo.

— É como morar em um moinho de vento — explicou John. — E eu sempre quis isso.

Continuei no Miyako e me afeiçoei ao hotel, especialmente ao spa, onde descobri as delícias da massoterapia japonesa. John e Yoko eram generosos, cobrindo as diárias, a massoterapia e todas as minhas despesas durante a viagem, tudo pago com o cartão de crédito de Yoko; John era terrível com dinheiro. Na época, eu estava desempregado por motivos que eles conheciam muito bem, então aceitei aquilo de bom grado e comecei a explorar a cidade para além do bairro japonês. E havia muito para ver: no começo dos anos 1970, São Francisco ainda era a capital não oficial da contracultura. Nos passeios pelas ruas do bairro de Haight-Ashbury, eu via hippies tocando alaúdes e tamborins, enquanto garotas com flores coloridas no cabelo dançavam, bem como Scott McKenzie cantava na canção "San Francisco".

John e Yoko acreditavam que Hong os estava ajudando com seus problemas de fertilidade. Nas semanas seguintes, sempre que os dois voltavam do tratamento, pareciam mais saudáveis, mais fortes e mais cheios de energia, principalmente John. Ou Hong estava fazendo maravilhas ou John e Yoko estavam finalmente superando a abstinência de metadona. Independentemente do motivo, era ótimo ver isso.

Certa tarde, John me ligou enquanto eu estava no meu quarto no Miyako.

— O que está fazendo? — perguntou ele.

— Lendo *A nascente*, da Ayn Rand.

— Por que você leria isso? É lixo burguês pra gente com a cabeça oca e o pinto murcho.

— Achei um exemplar no lobby ontem à noite. Não conseguia dormir, então peguei para ter algo para ler na cama. Não precisa se preocupar.

— A Mãe tem uma consulta agora. Por que não damos uma saída? Tem aquela livraria famosa aonde os escritores vão. Vamos dar um pulo lá.

John estava se referindo à City Lights, a célebre livraria independente em São Francisco, famosa por ser a meca literária da cena boêmia. O lugar sem dúvida fazia jus à reputação. Assim que entramos, percebi uma atmosfera beatnik, com cavanhaques, blusas de gola alta pretas e até algumas boinas. John foi imediatamente reconhecido, mas aquela clientela era descolada demais para demonstrar qualquer reação, e fiquei grato por a maioria deixar John em paz.

A maioria, mas não todos.

– Desculpe incomodar, mas você e sua esposa são amigos do Allen Ginsberg? – perguntou a John um camarada na casa dos 60, usando um terno de tweed, enquanto os dois observavam a mesma prateleira com antologias de Lawrence Ferlinghetti. Aparentemente, para aquele cavalheiro, o mais notável a respeito de John Lennon era o fato de ele ter andado com o poeta que escreveu "Uivo" e que, às vezes, tocava um órgão de fole enquanto recitava suas obras.

– Sim, Yoko e Alan são amigos há quase uma década – respondeu John, educado.

– Como ele é pessoalmente? – quis saber o homem.

– Igual a como ele é nos livros. Só que sem o órgão de fole.

Ficamos na livraria por meia hora, John enchendo uma cestinha com os livros que queria. Na fila do caixa, ele me disse:

– Não tenho dinheiro. Você vai ter que pagar. Vai receber de volta em carma positivo.

John raramente andava com dinheiro, quase não pensava no assunto, mas, como tinham sido tão generosos comigo, eu não poderia reclamar do custo de alguns livros.

Enquanto voltávamos de táxi para o hotel, o humor de John começou a azedar.

– Ouviu quando aquele cara me perguntou sobre o Ginsberg? – rosnou, irritado. – Puta merda. Meus livros são tão bons quanto qualquer outro naquela livraria. Já leu algum dos meus livros?

– Claro – respondi.

Tínhamos conversado a respeito dos dois livros de John – *In His Own Write* e *A Spaniard in the Works* – durante várias de nossas conversas telefônicas.

– Reparou se meus livros estavam naquela bosta de lugar?

– Talvez estejam esgotados – sugeri.

– Nem vem com essa conversinha diplomática de locutor de rádio. Eles não estavam lá porque todos aqueles velhos caquéticos ainda me veem como a porra de um beatle. É por isso que eu nunca tive nenhum reconhecimento como poeta, porque eu era uma porra de um beatle. Mas um artista é um artista, não importa o meio de expressão.

Quando paramos no sinal vermelho, o motorista do táxi virou para trás.

– Achei mesmo que era você quando parei – falou ele para John. – Minha esposa te adora. Poderia me dar um autógrafo? – E estendeu um pedaço de papel. – Para Sylvia?

– Diga à sua mulher que você se enganou – comentou John, ignorando o papel.

Por sorte, estávamos a apenas um quarteirão do Miyako. Dei ao motorista uma gorjeta maior que o valor da corrida.

No lobby, John me entregou sua sacola de livros.

– São para você – disse ele. – Achei que precisava tirar Ayn Rand da cabeça.

Então desapareceu por mais alguns dias, voltando às terapias com o Dr. Hong.

SÃO FRANCISCO SEM DÚVIDA foi uma ótima distração depois de eu ter sido demitido da rádio. Entretanto, depois de duas semanas no Miyako, comecei a pensar em voltar para minha casa em Laurel Canyon. Precisava encontrar um novo trabalho em Los Angeles e pegar Shane com um vizinho, que concordara em tomar conta dele pelo que seria uma viagem de apenas cinco dias. Mas, antes de sair da cidade, havia mais uma coisa que eu queria fazer.

Para dizer a verdade, eu tinha um motivo oculto para ir a São Francisco que não tinha nada a ver com visitar livrarias, paquerar em Haight--Ashbury ou até mesmo conhecer melhor John e Yoko. Era algo que não saía da minha cabeça desde que John me convidara para "entrar pro circo" e embarcar com eles naquela viagem.

O nome dela era Louise.

Tínhamos nos conhecido anos antes, na fila do Canter's Deli em West Hollywood, o que pode não parecer um lugar muito romântico para um "encontro fortuito", mas, em se tratando de Los Angeles, tinha lá seu charme. Eu devia ter uns 21 anos, estava terminando o curso na City College e começando a trabalhar na rádio. Ela tinha 17 ou 18, cabelos longos e louros, olhos grandes e encantadores e um sorriso tão cativante que quase me fez esquecer qual sanduíche eu queria pedir.

Nosso relacionamento foi intenso, como costumam ser os primeiros amores, mas também não muito estável, o que também é típico desse amor juvenil. Eu estava muito concentrado em me estabelecer na carreira, e ela era jovem demais para ter paciência com um namorado negligente, então nos separamos, ou, pelo menos, tentamos. Por algum motivo, não conseguíamos nos afastar de vez. Acabávamos sempre reatando, depois nos separando outra vez, como as idas e vindas de um bumerangue, um vaivém que nos deixava um pouco doidos. No fim, nos contentamos com o que acabaria por se revelar uma amizade platônica de décadas, mas levaria anos para que as brasas da paixão se apagassem, se é que um dia se apagaram.

Por acaso, Louise agora morava em Mill Valley. Então, como eu tinha planejado desde o início da viagem, liguei para ela e a convidei para jantar… com meus amigos.

Na minha cabeça, era uma simples experiência. Queria ver se conseguia, de alguma maneira, encontrar uma interseção no diagrama de Venn que estava se tornando minha vida. Em um círculo, minha amizade secreta com John e Yoko. No outro, todo o resto: meu emprego, meus vizinhos e amigos, meus relacionamentos afetivos, meus momentos de lazer cada vez mais fugazes. Louise, decidi, seria o teste para me mostrar se havia um espaço em que esses dois universos pudessem se cruzar.

Era, obviamente, uma violação gritante das regras que Yoko havia estipulado meras duas semanas antes, naquele banheiro em Ojai: "Não conte a ninguém que nos conhece. Guarde segredo sobre nós."

Eu já havia falado de Louise para John e Yoko mais de uma vez durante nossas conversas ao telefone. Então, quando casualmente sugeri convidá-la para jantar, eles não vetaram imediatamente a ideia. Por mais que desconfiassem de pessoas de fora de seu círculo íntimo, imaginei que talvez tivessem um mínimo de curiosidade sobre a única garota da minha vida que eu tinha me importado em mencionar.

Marcamos o encontro no Soupçon, um café minúsculo estilo boutique, na Caledonia Street, em Sausalito, uma recomendação de Louise. Não era chique: tinha apenas uma dezena de mesas e acho que o prato mais caro no cardápio devia ser uma salada de caranguejo que custava 6 dólares.

Louise vivia de modo simples e frugal; não era do tipo que frequentava restaurantes requintados. Tampouco se deslumbrava diante de celebridades. Falou com John e Yoko como se fossem gente comum de fora da cidade. Os dois, por sua vez, foram simpáticos e gentis, embora não exatamente calorosos, mas também meio esquisitos.

– Se for casar com esse cara, melhor deixar bem claro que ele deve lavar a louça e levar o lixo pra fora – foi a primeira coisa que John disse a Louise. Ele estava brincando, é claro, mas me pareceu uma forma pouco elegante de quebrar o gelo.

– O que você costuma comer aqui? – perguntou Yoko para Louise enquanto analisava o cardápio.

– Gosto da sopa de lentilhas – respondeu ela.

– Então vou querer isso – declarou Yoko, fechando o cardápio.

– Eu também – disse John.

Olhei ao redor, me sentindo um pouco como o acompanhante de um relutante encontro às cegas.

– É sério? – indaguei. – Só vão pedir isso?

Ninguém disse mais nada, então também pedi a sopa. E uma taça de Chardonnay.

Ao longo dos 40 minutos seguintes, a conversa foi agradável e educada, mas não particularmente memorável. Falamos sobretudo da comida. O momento mais animado aconteceu durante a sobremesa: John não conseguia decidir o que queria, então acabou pedindo tudo que havia na bandeja de doces. Notei que Louise estava desconfortável.

No fim da noite, eu sabia que meu pequeno experimento tinha falhado. John e Yoko nunca expressaram isso, mas eu podia sentir pela linguagem corporal deles e pelo incômodo com a conversa fiada – assim como pelos olhares frios que Yoko me lançava no final do jantar – que eles não ficaram nada felizes por eu ter levado uma intrusa para o meio de nós.

Fosse qual fosse a magia que havia entre mim, Yoko e John quando nos encontrávamos, não era possível recriá-la se fôssemos um quarteto.

SEIS
Laurel Canyon, 1972

Eu tinha duas linhas telefônicas em Laurel Canyon: uma para ligações pessoais, outra para chamadas de trabalho. Mas, quando voltei de São Francisco, percebi que precisava de uma terceira.

Uma linha direta para John e Yoko.

Naquela época, não era tão simples instalar um telefone. Era preciso chamar um técnico da companhia, que furaria a parede da sua casa, passaria cabos pelos rodapés e instalaria um aparelho de telefone fixo. Um telefone de disco era um trambolho que pesava mais de 1 quilo e só conseguia chegar até onde o cabo permitia. No meu caso, a instalação era mais complexa, pois, além de uma terceira linha, eu também queria que uma luz vermelha fosse fixada no teto do meu quarto, piscando sempre que minha nova linha tocasse.

– Pretende receber ligações da Casa Branca? – brincou o técnico quando expliquei aquele pedido insólito.

Resisti à tentação de dizer a verdade, que teria soado igualmente improvável:

– Não, preciso da luz vermelha para não perder os telefonemas que John Lennon e Yoko Ono fazem para mim na calada da noite.

John e Yoko ficaram mais um tempo em São Francisco, voltando para Nova York em agosto – em um voo comercial, não na Dragon Wagon, que Peter supostamente conduziu de volta para a Costa Leste –, pois John seria a atração principal do show beneficente One to One, no Madison Square Garden. Organizado pelo jornalista Geraldo Rivera em apoio às crianças com deficiências de desenvolvimento que foram vítimas do infame caso da Willowbrook State School, em Staten Island, o show foi um dos primeiros grandes eventos ao vivo de que John participou desde a apresentação dos Beatles no Candlestick Park, em 1966.

– Foi meu melhor show desde Hamburgo – ele me disse, em êxtase, alguns dias depois. – Foi como nos velhos tempos. Pude sentir a energia.

Eu também me sentia ótimo, já que arranjara um novo emprego. E não um emprego qualquer, mas um talk show na KABC, a estação parceira da KLOS, a mesma que havia me despedido por ter tocado *Some Time in New York City*. Ao contrário da KLOS, a KABC não tocava música, e talvez por isso o gerente da rádio tenha se sentido tranquilo para me contratar. Afinal, nunca tive problemas por algo que eu *disse* no ar, apenas pelo que pus no toca-discos. Além disso, a demissão parecia ter feito bem à minha reputação como radialista. Não que eu tivesse me tornado uma celebridade, mas me deu certa aura de rebeldia, o que a KABC se esforçou ao máximo para explorar.

Para começar, eles estamparam meu rosto em outdoors pela cidade. "Elliot Mintz, Comunicador", diziam os anúncios de 4 metros de altura. Quando vi um desses pela primeira vez, fiquei horrorizado. Não só porque a foto em preto e branco que eles escolheram dava a impressão de que eu tinha 12 anos de idade; isso eu até conseguia tolerar. Fiquei preocupado porque uma foto minha em um outdoor acabaria com o anonimato que eu tanto apreciava como radialista. Ainda que eu estivesse feliz por ter mais audiência, não gostava nem um pouco da ideia de as pessoas me reconhecerem na rua.

Por outro lado, o trabalho em si era alegria pura. Eu podia dirigir meu velho e acabado Jaguar até as instalações familiares da rádio, um complexo que ocupava um quarteirão junto à La Cienega Boulevard e abrigava as duas estações; em seguida, cruzava o saguão e descia o corredor, exatamente como antes. Só que, em vez de virar à esquerda para os estúdios da KLOS, virava à direita para a KABC. E que diferença essa mudança de direção fazia! A KLOS era uma estação de rock lendária, de modo que seus funcionários costumavam estar na vanguarda... ou pelo menos tinham cabelos longos e usavam calças jeans. A maioria dos que trabalhavam do outro lado do corredor, na KABC, usavam paletós e gravatas, tinham os cabelos bem mais curtos e, às vezes, até carregavam pastas. Eram duas culturas corporativas totalmente diferentes sob o mesmo teto. De alguma forma, todos se entendiam. Na verdade, alguns dos meus melhores amigos naquele prédio tinham cabelo à escovinha.

Meu novo programa ainda era, em grande parte, de entrevistas, focando em músicos ou outros ícones culturais. Mas, como a KABC não tocava música, eu tinha que encontrar outras maneiras de entreter os ouvintes quando não estava conversando com Norman Mailer ou John Wayne. Então, recorri a algumas técnicas do grande Steve Allen, um dos meus primeiros ídolos no radialismo, e passei a preencher o tempo de transmissão com trotes telefônicos inofensivos. Eu mandava meu produtor Barney sair pela cidade pegando números de telefones públicos em vários locais – no Aeroporto Internacional de Los Angeles, na rodoviária, em frente a um clube de strip em Hollywood, perto de um posto de gasolina em Oxnard – e ligava pra ver quem atendia.

Outro esquete envolvia minha eterna busca por rastrear e entrevistar o escorregadio Howard Hughes. Se eu recebesse uma pista do paradeiro do bilionário, ligava para o hotel em que ele supostamente estava escondido e blefava, tentando convencer a pessoa ao telefone a colocá-lo na linha.

– Diga a ele que é o Elliot – dizia eu ao atendente. – Howard está aguardando a minha chamada.

Nem preciso dizer que nunca funcionou.

Mais difícil do que conseguir que Hughes atendesse ao telefone era fazer com que John e Yoko desligassem. Desde São Francisco, eles telefonavam mais do que nunca, a qualquer hora. Esse era um dos motivos para eu ter mandado instalar a linha direta: os Lennon ocupavam de tal forma minhas outras linhas que ninguém conseguia falar comigo. Dar um número exclusivo para eles parecia uma medida pragmática para que as linhas não se cruzassem mais. Quanto a instalar uma luz vermelha acima da minha cama que me acordasse caso John e Yoko ligassem no meio da noite, bom, admito que pode ter sido exagero. Mas, àquela altura, eu já havia aceitado que ficar à disposição dos dois estava se tornando minha missão na vida.

Não sei dizer por que a aceitei. Só sei que aceitei.

– Já viu o programa *The 700 Club*? – perguntou John, durante um telefonema.

– Hã, já dei uma olhada – respondi com alguma hesitação.

– Eu tenho assistido ultimamente e queria saber a sua opinião.

John via bastante TV – em determinado momento, importou do Japão um dos primeiros televisores de tela grande, que mantinha ao pé da cama, quase sempre ligado, embora geralmente sem volume –, mas eu tinha dificuldade em imaginá-lo assistindo a Pat Robertson. O que o cara que compôs clássicos laicos como "Imagine" e "God" poderia achar de interessante no programa de TV diurno de um evangelista que pregava a Bíblia?

– Ele parece um pastor fundamentalista com visões bastante conservadoras – comentei. – O que *você* acha de *The 700 Club*?

– Bom, acho que eles deveriam arranjar uma banda e ter um pouco de música. Mas tenho prestado atenção em algumas das coisas que Robertson diz sobre Jesus. Sabe, eu me escondo atrás de uma fachada budista quando me convém, mas nasci numa família cristã. Quando Robertson cita Jesus, me lembro de minhas origens. – John fez uma pausa, como se estivesse pensativo. – Acho que você deveria assistir ao programa amanhã. Nós dois deveríamos. E depois podemos conversar sobre como Robertson cita Jesus.

– John, você está brincando?

– Claro que não! Estou falando sério. Por que acha que estou brincando, porra?

Prometi que assistiria ao *The 700 Club* e ligaria para John depois.

No dia seguinte, sintonizei o canal para ver o programa. Até fiz anotações. Em seguida, obediente, liguei para John para trocarmos impressões.

– Ah – disse ele. – Eu não assisti. Peguei no sono. Podemos tentar de novo outro dia.

A relação entre John e a religião sempre foi um tópico fascinante, e talvez aquele em que cometi meu maior erro. John e eu estávamos conversando sobre "God". A canção listava todas as divindades que ele rejeitava, desde Jesus até os próprios Beatles. Ele me perguntou o que eu pensava sobre ela.

– É muito poderosa, John, mas, se fosse eu, teria tornado a letra menos pessoal. Teria dito algo como "Você pode acreditar em Buda, pode acreditar em Krishna…", citado toda a lista, até chegar ao clímax de "Eu apenas acredito em mim". Seria mais audacioso dizer algo assim.

Ele me encarou e disse:

– Vai se foder.

Pensando agora, mal acredito na minha própria audácia: John era um dos maiores compositores da história, e eu disse a ele como achava que deveria ter escrito a canção. Embora eu nem sempre fosse fã do linguajar chulo de John, dessa vez foi justificável.

De todo modo, Robertson nunca voltou a ser mencionado.

UM DOS NOSSOS TÓPICOS de discussão mais frequentes eram as celebridades de Hollywood. John era fascinado por astros do cinema, sobretudo os da era clássica. Lembro quando contei a ele que ia entrevistar Mae West; John quase exigiu que eu trouxesse uma foto autografada por aquela que foi um dos primeiros símbolos sexuais do cinema na década de 1930. West, que na época tinha seus 80 anos, aceitou com todo o prazer e escreveu na foto: "Para John Lemon."

Ele adorava a foto. Guardou-a até o fim.

– Se você pudesse entrevistar qualquer pessoa do mundo, quem seria? – perguntou ele para mim em outro telefonema.

– Viva ou morta?

– É bem mais fácil conversar quando elas estão vivas, não acha?

Contei sobre minhas tentativas de pôr Howard Hughes em meu programa de rádio, sobre como eu era fascinado pelo bilionário.

A princípio, John ficou pasmo.

– Howard Hughes? Por que Howard Hughes?

– Você conhece a história dele? – prossegui, ansioso para compartilhar minha paixão pela biografia de Hughes. – Ele é um dos homens mais ricos do mundo e um completo recluso. Não é visto em público desde 1952. Comprou e vendeu a TWA Airlines pelo telefone. Comprou sete hotéis na Vegas Strip sem nunca ter aparecido diante da comissão de jogos de azar. Ele se esconde em hotéis, põe papel-alumínio nas janelas para evitar o sol e olhares curiosos, nunca corta as unhas das mãos ou dos pés, usa caixas de lenços de papel nos pés para se proteger dos germes. Faz dietas bizarras em que passa meses comendo apenas sorvete. O braço direito dele é um ex-agente do FBI chamado Robert Maheu, que faz tudo que ele pede. Hughes escreve as instruções em blocos de papel amarelo, que envia para

Maheu. Eles se comunicam assim há vinte anos. Maheu nunca encontrou Hughes pessoalmente.

John ouviu meu tutorial sobre Hughes com toda a atenção. Quando terminei, ele soltou uma gargalhada.

– Isso é incrível pra caralho! – exclamou ele. – Hughes não quer lidar com nenhum desses otários, então mandou todo mundo se catar! Chutou o pau da barraca pra viver a vida dele sem ter que dar satisfação a ninguém. Entendo muito esse cara. Entendo completamente.

Anos mais tarde, houve quem confundisse a simpatia de John por Hughes como um desejo de imitar seu excêntrico estilo de vida, ou quem acusasse Yoko de isolá-lo em um exílio parecido. Em certos círculos, isso se tornou um clichê: John, o lunático solitário. Nada podia estar mais longe da verdade. A realidade é que a suposta obsessão de John por Hughes começou e terminou como uma piada.

OUTRO ASSUNTO RECORRENTE ERAM os convidados que eu entrevistaria no meu programa, especialmente se fossem astros do rock. Era inevitável: John tinha opiniões mordazes para dar sobre seus concorrentes. Certa vez, por exemplo, mencionei que tinha uma entrevista marcada com Mick Jagger.

– Por que *ele*? – perguntou John.

A verdade era que eu entrevistaria Jagger porque ele ia fazer um show em Los Angeles para arrecadar dinheiro para as vítimas de um terremoto na Nicarágua. (A mulher dele, Bianca, era nicaraguense.) Mas, por algum motivo, cometi a tolice de falar:

– Porque os Rolling Stones são provavelmente a maior banda em turnê do mundo.

– Não costumavam falar isso da gente? – retrucou John com frieza.

– Os Beatles não fazem mais turnês – falei, pisando em campo minado. – Os Beatles não existem mais como banda. E os Rolling Stones são uma presença tão importante quanto qualquer outra no rock.

– Os Rolling Stones nos imitaram! – exclamou John. – Dá uma olhada nos discos! O *Their Satanic Majesties Request* veio logo depois de *Sgt. Pepper*. Nós fizemos primeiro. A única diferença é que nos rotularam como bons moços, enquanto eles foram vendidos como revolucionários.

Olha, Ellie, eu passei muito tempo com Mick. Ficamos amigos em Londres. A gente se conhece há muito tempo. Os Beatles revolucionaram a música, não os Rolling Stones!

John e eu não conversávamos tanto sobre os Beatles, em grande parte porque esse era o único assunto sobre o qual as pessoas, sobretudo na imprensa, sempre lhe faziam perguntas. Ele vinha respondendo perguntas sobre a história do grupo havia tanto tempo, requentando a mitologia dos Beatles vezes sem conta, que àquela altura o assunto quase o matava de tédio.

– Foi como um casamento – contou ele certa vez. – Gostei mais do início do que do fim, quando fazíamos aqueles shows ao vivo e ninguém conseguia ouvir a música por causa de toda aquela gritaria. Todo mundo se divertia gritando e berrando, mas a gente sofria no palco. Entramos no piloto automático. Não conseguíamos ouvir nossa própria voz enquanto cantávamos.

Em outras palavras, John tinha seguido em frente, mas o resto do mundo não.

Mesmo assim, de vez em quando, inevitavelmente o assunto voltava à tona, em especial quando um de seus antigos companheiros de banda lançava um álbum solo. John tinha sentimentos complexos, voláteis, sobre os outros beatles, e era impossível prever o que diria a respeito deles. Ele amava Paul como a um irmão, é claro, mas às vezes o odiava como a um irmão também. A rivalidade fraterna era profunda, ainda mais quando Paul e sua nova banda, os Wings, emplacavam outro hit nas paradas de sucesso. John tinha menos ciúme de George, mas eles nunca foram tão próximos, sobretudo depois de George ter convencido os Beatles a estudar meditação transcendental na Índia em 1968 com Maharishi Mahesh Yogi, que John concluiria mais tarde ser um charlatão. Apenas Ringo escapava dos rancores de John. Não me lembro de John dizer uma única palavra negativa sobre o baterista. Mas a verdade é que todos sempre amaram Ringo.

Paradoxalmente, John também era capaz de defender sua antiga banda com unhas e dentes. Era irônico, mas ele reclamava com frequência que os Beatles, o grupo mais bem-sucedido e influente da história do rock, não eram levados a sério o suficiente. Ele se ressentia da imagem meiga, fofinha, com que os "Fab Four" tinham sido identificados a princípio – desde que apareceram no *The Ed Sullivan Show* com seus ternos Chesterfield combinando –, enquanto outros cantores mais desleixados da época, como Mick Jagger, eram categorizados, de forma muito mais descolada e iconoclasta, como "revolucionários".

Por isso, como aprendi logo, era aconselhável cautela quando o assunto era outro artista considerado por muitos o maior letrista vivo. A simples menção do nome Bob Dylan durante uma de nossas conversas bastou para ativar um vulcão de ressentimentos e inveja reprimidos – assim como uma das mais perfeitas imitações por parte de John. (John era um ótimo imitador, especialmente de Dylan.)

– Todo mundo olha pra ele como se fosse um gênio – resmungava John. – E todo mundo lembra dos Beatles por causa de "I Want to Hold Your Hand". Mas sou um compositor tão bom quanto Dylan! Minhas canções são muito simples, muito diretas. Há poesia, mas é uma poesia roqueira da classe trabalhadora. É isso que faço: rock'n'roll! Não sei que nome dar ao que *ele* faz!

De certa maneira, os Beatles e Dylan – duas forças culturais que moldaram o *zeitgeist* dos anos 1960 mais do que quaisquer outros músicos – seguiram caminhos paralelos. Os dois surgiram de maneira explosiva na cena musical quase exatamente no mesmo momento. "I Want to Hold Your Hand" e "Blowin' in the Wind" foram lançadas com meses de diferença em 1963. John e seus colegas de banda conheceram Dylan pouco depois: em 1964, quando os Beatles tocaram no Forest Hills Tennis Stadium em Nova York, Dylan foi ao quarto deles no hotel Delmonico para o que acabou se tornando um ponto de inflexão na história da música. Foi a primeira vez que eles fumaram maconha. Segundo os presentes, Dylan enrolou um baseado e o passou para John, que o entregou a Ringo (o "degustador real", John teria brincado). Ringo, que não conhecia as regras de compartilhamento de baseados, fumou todo o beque sozinho. Outro baseado foi enrolado e, quando John enfim provou, foi amor à primeira tragada. Todos os beatles se renderam.

– Nós fumávamos maconha no café da manhã – confessou John certa vez. – Ninguém conseguia se comunicar com a gente: tínhamos o olhar fixo, rindo o tempo todo.

Com o passar dos anos, os Beatles e Dylan seguiram rumos criativos muito diferentes, abordando a música de direções diametralmente opostas. Entre os beatles, George, em especial, achava inspiradores os sonetos cerebrais de Dylan, que desafiavam gêneros musicais. Além disso, Dylan claramente levou os Beatles a experimentar sonoridades diferentes, a começar por *Revolver*, de 1966, em que banda começou a flertar com um estilo mais psicodélico (foi quando George conheceu a cítara). John também achava a música de Dylan inventiva; Paul até chegou a sugerir a John que cantasse "You've Got to Hide Your Love Away" como Dylan. Mas, para John, a idolatria a Dylan era também uma fonte de grande frustração. Afinal, John era o maior compositor da sua geração – pelo menos segundo ele próprio. Dylan deveria ter sido inspirado pelos Beatles, não o contrário.

Mas o que realmente tirou John do sério foi quando Dylan anunciou que tinha se tornado um cristão devoto. Lembro que conversei com John ao telefone depois da apresentação de Dylan no *Saturday Night Live* no final da década de 1970, quando chegou ao estúdio em um terno branco e cantou seu novo sucesso, "Gotta Serve Somebody".

– Esse cara está fazendo papel de bobo – falou John, com desprezo. – Ele parece um pastor e está cantando um monte de besteira!

– Muita gente se identifica com o que ele canta – argumentei, cometendo a tolice de tentar defender Dylan. (Por acaso, eu era um grande fã.)

– Muita gente? – zombou John. – Os Beatles devem ter vendido 100 milhões de discos a mais do que ele!

– Sabe – continuei, abusando da sorte –, muito do seu desdém, no fundo, no fundo, é inveja.

– Vai se foder. Acha que tenho inveja de Dylan?

– Não acho que tenha inveja do talento dele como compositor. Acho que tem inveja da opinião das pessoas a respeito dele. Você detesta que as pessoas pensem que ele é um grande poeta, que elas achem as músicas dele mais surreais e oníricas que as dos Beatles.

– É só ouvir "Walrus" – sugeriu John.

Tentei uma abordagem diferente:

– O estilo e a presença de palco dele são o que atrai as pessoas. Elas gostam da voz dele. *Eu* gosto da voz dele.

– Você dá importância demais ao estilo. O que eu crio é música. Olha, eu adorei quando ele lançou "Subterranean Homesick Blues" com aqueles versos que diziam *"Don't follow leaders/ Watch the parkin' meters"* (Não siga líderes/ Fique de olho nos parquímetros). Todo o resto dessa conversa fiada de "poeta errante" é irrelevante pra mim.

Tivemos essa discussão durante anos.

Minhas conversas com John eram apenas parte do que mantinha minhas orelhas coladas à linha direta em casa. Eu também passava horas e horas papeando com Yoko, embora as ligações dela costumassem ser bem menos conflituosas e fofoqueiras. Em parte, porque Yoko era uma pessoa menos hostil, com muito menos interesse na vida das celebridades. Mas também porque era ela que conduzia os negócios. Ela lidava com a equipe, falava com advogados, aprovava acordos e tratava dos aspectos financeiros. Não tinha tempo para muita coisa além disso. Quando ela disparava a luz vermelha no teto do meu quarto às quatro ou cinco da manhã, normalmente ia direto ao assunto. E o que importava para Yoko eram os números – e nem sempre os que tinham cifrões na frente.

O mundo de Yoko girava em torno da numerologia, da astrologia, das cartas de tarô e de outros sistemas de crença espiritual. Ela contava com um círculo de conselheiros espirituais que examinavam quase todas as decisões que Yoko tomava, desde as pessoas com quem fazia negócios até qual voo pegar quando eles viajavam. (Na verdade, ela era aconselhada por ninguém menos que Takashi Yoshikawa, também conhecido como Mr. K, uma sumidade no que dizia respeito ao *katatagae*, um sistema de crenças do Japão antigo no qual as direções tomadas em uma jornada possuem grande significado e valor.) Quando a consultei a respeito de convidar Louise para jantar conosco em Sausalito, por exemplo, o único comentário de Yoko foi que ela tinha sido "verificada". Eu sabia que isso significava que pelo menos um dos conselheiros de Yoko havia julgado Louise aceitável como companhia em um jantar.

A astrologia não me era totalmente estranha – eu mesmo já havia feito alguns mapas –, mas me preocupava um pouco que Yoko baseasse tantas decisões importantes (e outras nem tanto) da sua vida em mensagens etéreas do mundo espiritual. John parecia estar tranquilo quanto a isso, pois tinha uma fé inabalável na esposa. Se ela acreditasse em algo, ele acreditava também, mesmo que não acreditasse de verdade. Para mim, parecia arriscado, e insisti no assunto com Yoko, perguntando por que ela depositava tanta confiança no paranormal.

– Quando se está buscando a verdade, é muito importante se afastar da mente racional – respondeu ela, paciente. – Se você deixa seu cérebro tirar conclusões, pode ser influenciado pelo seu humor, pela hora do dia, pelo que você comeu, pelas suas emoções. Somente quando você se distancia de tudo isso é que é possível ver com o máximo de clareza.

O lado negativo da numerologia, no entanto, era que exigia... números – como as datas de nascimento de pessoas que Yoko queria que fossem "verificadas". E isso, infelizmente para mim, se tornou o assunto de muitos dos nossos telefonemas no meio da noite.

– Elliot, sabemos que você conhece todo mundo em Hollywood – começou ela.

– Acho isso um pouco de exagero – respondi.

– Tem uma pessoa em Los Angeles com quem talvez façamos negócios – continuou ela, me dando o nome do sujeito. – Preciso que descubra algumas informações sobre ele antes de seguirmos em frente.

– Quer que eu puxe a ficha dele? Tipo, registros criminais e coisas do tipo?

– Não. Preciso saber o ano em que ele nasceu.

– Aham.

– Também seria útil se você descobrisse a hora exata do nascimento dele e onde foi o parto.

– Aham – repeti.

– Acha que consegue obter essas informações, Elliot? Pode nos ajudar?

– Bom, a única coisa em que consigo pensar é contratar um detetive particular que eu conheço. Ele talvez consiga desencavar esse tipo de informação. Vou falar com ele.

Algumas horas depois de amanhecer, telefonei para o meu amigo detetive particular. Quando contei o que precisava – sem mencionar Yoko, é claro –, ele fez uma palestra sobre várias técnicas de investigação, incluindo uma que se chamava "revirar o lixo". Se ele tivesse o endereço da pessoa em questão, enviaria sua equipe até lá e confiscaria o lixo, que tecnicamente se torna propriedade pública ao ser jogado na rua.

– Você ficaria surpreso com o que a gente descobre sobre uma pessoa revirando o lixo dela – explicou ele. – Quais remédios ela toma, quais revistas lê, recibos de pagamento e contas antigas. Isso talvez nos dê uma pista quanto à data de nascimento.

Ele ficou de verificar com um contato no Departamento de Água e Energia para ver se conseguia o endereço. Voltaria a falar comigo em breve.

Assim que desliguei, a linha direta voltou a tocar. Era Yoko.

– Já tem a informação? – sussurrou ela. – Conseguiu a data de nascimento dele?

– Yoko, você me pediu 3 horas atrás. Vai demorar um tempinho.

– Não tenho esse tempo, Elliot – disse ela, irritada. – Você não entende?

Para a sorte de Yoko – embora nem tanto para a minha –, o detetive acertou na mosca. Em um dia, ele obteve números suficientes para a equipe de astrólogos de Yoko fazer uma análise completa. Ela ficou tão impressionada com os resultados que começou a me ligar várias vezes por mês com pedidos semelhantes. De repente, eu era a central de informações de Yoko sempre que ela precisava revirar o lixo dos outros.

Dá para imaginar quanto eu detestava esses pedidos.

Dali a pouco, eu estava passando mais tempo ao telefone com John e Yoko do que na rádio. A amizade com eles tinha se tornado minha ocupação principal, embora nada lucrativa. Ainda que eu tivesse pagado boa parte dos honorários cobrados pelo detetive particular – no mínimo, 250 dólares por serviço –, nunca tive coragem de pedir que eles me reembolsassem. Eu sabia que algumas pessoas viviam importunando John e Yoko por causa de dinheiro, enviando faturas por tudo, tentando se aproveitar da riqueza e da generosidade financeira dos dois. A última coisa que eu queria era ser visto como um desses oportunistas.

A boa notícia era que eu estava sendo bem pago pela KABC e gostava muito do meu novo emprego. Houve inclusive momentos durante meu programa em que me senti mais conectado com a cidade e com meus ouvintes. Uma das minhas experiências mais gratificantes ocorreu nesse período, em um daqueles esquetes em que eu discava um número de telefone público ao acaso para ver quem atenderia. Nessa ocasião, liguei para um terminal de ônibus em Hollywood.

Depois de alguns toques, uma voz feminina atendeu:

– Alô?

– Alô! Meu nome é Elliot Mintz. Estou ligando da rádio KABC. Você está no ar. Com quem eu falo?

Ela hesitou, então disse seu primeiro nome.

– E como você está? Chegou agora a Los Angeles?

– Não, senhor – respondeu ela, desconfiada. – Estou indo embora. Voltando para casa.

– Por quê? – perguntei. – Por que está indo embora?

– Ah, sabe, vim aqui cheia de sonhos e esperanças, e tudo desmoronou. Nada durou. Nem o emprego nem o casamento. Nada. Só quero ir para casa e ficar com a minha mãe.

– Sinto muito em ouvir isso.

– Se eu não for pra casa, vou ter que dormir na rua.

– Em que você estava trabalhando?

– Ah, como empregada e faxineira. Esse tipo de coisa. Eu trabalho duro. Sempre dou meu melhor. Mas meu ônibus vai chegar em 40 minutos.

A voz frágil dela estava tão carregada, uma tristeza genuína, que fiquei com o coração partido. Então tive uma ideia.

– Pode continuar na linha por mais 5 minutos? Vou deixar a chamada em espera, mas não desligue, está bem?

– Não tenho mais nada para fazer, senhor.

Mantive o microfone aberto e continuei no ar enquanto a deixava em espera.

– Olhem – falei para os ouvintes –, se alguém estiver precisando de uma empregada ou tiver algum outro trabalho para essa mulher, ou se quiser lhe dar uma segunda chance, telefone para a rádio agora mesmo. Vamos ver se conseguimos ajudá-la.

Dei aos ouvintes um número direto para Barney atrás da parede de vidro e cruzei os dedos.

Em questão de segundos, a luz do telefone de Barney acendeu. Uma dúzia de pessoas tinha ligado. Coloquei a mulher na rodoviária de volta no ar.

– Ouça – falei –, você pode não acreditar, mas há várias pessoas aqui em Los Angeles que escutaram o que você falou e estão interessadas em lhe oferecer um emprego.

– É uma pegadinha? Porque muitas pessoas fizeram brincadeiras de mau gosto comigo nesta cidade.

– Não, não é pegadinha. Meu produtor vai lhe dar os números de telefone, fora do ar, e você pode ligar para elas agora mesmo da sua cabine telefônica.

Ela demorou alguns segundos para processar o que estava acontecendo. Então, com a voz trêmula, sussurrou "Obrigada" ao telefone.

– Não sei onde essa história vai dar – disse aos meus ouvintes depois de transferir a mulher para a linha de Barney. – Você está ouvindo isto ao vivo. Depois desta noite, talvez nunca saibamos o que aconteceu com esta mulher. Mas obrigado por sintonizar nosso programa. E, para todas as pessoas que ligaram para ajudá-la, obrigado por se importarem. Aqui é Elliot Mintz, na KABC – concluí, me sentindo melhor a respeito do mundo do que me sentia havia tempos. – Voltamos já.

SETE

Los Angeles e Nova York, 1972 a 1973

Uma das maiores vantagens de ser um apresentador de rádio era poder conhecer as pessoas que cresci admirando e até endeusando.

Era também uma das maiores desvantagens do meu trabalho.

Ninguém na vida real é tão impressionante quanto parece nas telonas, no palco ou num espetáculo. A arte tende a glamourizar os artistas, vê-los como seres especiais, imbuídos de características que os fãs confundem com poderes sobre-humanos. Na verdade, eles não passam de pessoas, tão cheios de defeitos, falíveis e decepcionantes quanto o restante de nós, reles mortais. Nem mesmo John Wayne – uma das minhas primeiras obsessões quando criança – mostrou-se à altura das minhas expectativas irreais. Quando me sentei para entrevistá-lo no meu programa, pouco antes de sua morte, aos 72 anos, vítima de câncer no pulmão, ele era apenas um homem velho e cansado, com olheiras e uma peruca óbvia demais colada na testa.

Não que John e Yoko fossem uma decepção: em muitos sentidos, eles eram tão impressionantes pessoalmente quanto nos discos ou nos vídeos.

Como figuras públicas em fins dos anos 1960 e começo dos 1970, eles me atraíam tanto pelo ativismo político quanto pela arte. Eu concordava com a oposição ostensiva à guerra no Vietnã. Achava seus *"bed-ins"* pela paz brilhantes. Na TV, eles sempre pareciam sagazes e articulados; eu os considerava porta-vozes exemplares da contracultura. Acima de tudo, eu me encantei pela espontaneidade dos dois. Pareciam ter uma fé inabalável, quase infantil, na perspectiva de um mundo melhor. Acreditavam que, para que a humanidade vivesse com harmonia e amor, bastava algumas pessoas imaginarem que isso era possível. Eles chegaram até a alugar um outdoor na Times Square, durante o Natal de 1969, no auge da carnificina no Sudoeste da Ásia, para transmitir sua mensagem em letras garrafais. "A GUERRA ACABOU!", dizia. "Se você quiser."

Sim, você pode pensar que eles eram sonhadores, mas, não, eles não eram os únicos. Eu mesmo achava o idealismo deles contagiante e inspirador, assim como milhões de outras pessoas. No entanto, ao me tornar amigo de John e Yoko em carne e osso – ou, naquela época, mais frequentemente como vozes ao telefone –, comecei a enxergar também o lado humano deles, com seus defeitos.

Yoko era ainda mais desligada e etérea do que se via na mídia. Ela podia ser uma fonte inesgotável de aforismos, oferecendo pérolas e mais pérolas de filosofia zen. Suas homilias em forma de haicais sobre manifestar os próprios desejos ou a sabedoria da mente não racional podiam ser um pouco demais para algumas pessoas. Havia momentos, confesso, em que até eu ficava um pouco assoberbado com aquilo tudo. Mas então ela dizia ou fazia algo que me convencia plenamente de que estava conectada a algum plano superior.

– Você teve um sonho duas noites atrás, não teve? – perguntou ela de repente, durante um telefonema particularmente longo. – Sobre a sua mãe?

Fiquei estupefato. Eu tinha mesmo sonhado com a minha mãe, e não havia contado a ninguém a respeito. Ou, pelo menos, tinha quase certeza de que não.

– Você estava discutindo com ela sobre a gagueira que tinha quando criança, certo?

Eu agarrei o telefone com força, como se quisesse esganá-lo. Como ela poderia saber? Minha mãe e eu estávamos discutindo sobre minha gagueira no sonho, por isso acordei me sentindo inseguro e incapaz.

– Mas você fala lindamente agora, Elliot – prosseguiu Yoko. – As pessoas pagam para você falar na rádio. Você venceu a batalha contra a sua gagueira porque visualizou que podia mudar. Sua gagueira desapareceu porque você quis que ela desaparecesse.

Como John me dissera em Ojai, Yoko via coisas que as outras pessoas não enxergavam. Concluí que ele tinha razão.

Da mesma forma, John era tão charmoso, engraçado e inteligente quanto parecia em público. Mas aos poucos fui descobrindo que estava longe de ser perfeito. Para começar, sendo um cara que aspirava a ser um pacifista capaz de mudar o mundo – um pensador e um líder à altura de Mahatma Gandhi, Martin Luther King Jr. e Nelson Mandela –, ele era surpreendentemente desinformado sobre figuras históricas como, bom, Gandhi, Luther King e Mandela. John era um leitor voraz – devorava George Orwell, Lewis Carroll, Jonathan Swift, Dylan Thomas, James Thurber, Oscar Wilde, Edgar Allan Poe e James Joyce, assim como outros autores clássicos e contemporâneos –, mas ainda havia lacunas gritantes em suas leituras, capítulos inteiros que ele havia pulado. Embora admirasse Gandhi e outros defensores da não violência, pouco sabia sobre suas biografias e movimentos.

Sua posição em relação à ciência, sobretudo a medicina, beirava o ludismo, indo muito além da sua antipatia contra "médicos fodões" que não deixavam que ele aplicasse injeções em si mesmo para perder peso. Embora John fumasse, ingerisse ou cheirasse quase todas as drogas recreativas ilegais em que pudesse pôr as mãos, suspeitava das que eram prescritas formalmente e cuja eficácia era comprovada. Ele foi, aliás, um dos pioneiros no movimento antivacina. Quando Sean nasceu, ele tentou de tudo para manter o filho longe das agulhas. (Depois de algum tempo, Sean foi enfim vacinado.)

Eles eram paradoxais, John e Yoko, cheios de contradições internas. Isso foi o que mais aprendi sobre eles nos anos iniciais da nossa amizade. Por um lado, podiam ser incrivelmente sensíveis, francos, provocadores, atenciosos, criativos, generosos e sábios. Por outro, podiam ser autocentrados, ansiosos, fúteis, mesquinhos e irritantes. No caso de John, até mesmo cruel... inclusive com Yoko.

Por exemplo...

Em uma manhã de novembro de 1972, bem cedo, a luz vermelha sobre a minha cama começou a piscar. Atendi à chamada.

– Ellie, eu ferrei com tudo – foram as primeiras palavras que saíram da boca de John.

– Por quê? – perguntei, ainda grogue. – O que você fez?

– Estávamos numa festa ontem à noite, e eu enchi a cara. Tinha uma garota lá...

Eu me sentei na cama.

A festa tinha acontecido no apartamento de Jerry Rubin em Greenwich

Village. Uma pequena multidão de pacifistas bem relacionados tinha se reunido para acompanhar os resultados eleitorais da corrida presidencial na TV, na vã esperança de que George McGovern conseguisse de alguma forma fazer um milagre político. Mas à medida que a contagem de votos avançou e ficou claro que Richard Nixon ganharia as eleições de lavada, o clima foi piorando e as pessoas começaram a beber mais pesado.

Álcool e John não eram bons amigos. Enquanto a maconha o relaxava e o inspirava, beber costumava deixá-lo ferino e inconsequente, libertando demônios terríveis. E, naquela ocasião, os demônios internos de John se superaram.

John me repassou os detalhes na manhã seguinte, de ressaca. Uma Yoko mortificada compartilhou outros ainda mais embaraçosos. Em resumo, John se enrabichou com uma garota na festa e se esgueirou com ela para um quarto, onde os dois transaram de forma tão escandalosa que todos que estavam diante da TV na sala de estar de Jerry Rubin – incluindo Yoko – ouviram tudo.

Em determinado momento, um convidado bem-intencionado pôs um disco na vitrola – a balada de 11 minutos de Bob Dylan, "Sad Eyed Lady of the Lowlands", começou a tocar – e aumentou o volume para tentar abafar o bate-estaca. Só que nem mesmo a voz de Dylan era capaz de distrair as pessoas do estardalhaço que John e a garota estavam fazendo no quarto, do outro lado do que devia ser uma parede fina como folha de papel. Durante a sessão de sexo selvagem, Yoko ficou sentada no sofá, em silêncio, atordoada, enquanto outros convidados começavam a se levantar para ir embora, constrangidos... até perceberem que seus casacos estavam no quarto em que John estava transando.

Não sei quanto tempo durou – graças a Deus eu não estava lá, e sim a 4 mil quilômetros de distância, em Laurel Canyon –, mas imagino que o apartamento de Rubin tenha esvaziado no instante em que John e a garota saíram do quarto e as pessoas puderam finalmente pegar seus agasalhos. Tenho certeza de que John e Yoko também saíram apressados, partilhando o que deve ter sido uma gélida caminhada ou corrida de táxi até o apartamento deles, que na época ficava na Bank Street, no Village. O que quer que tenham dito um para o outro naquela noite, suspeito que não tenha sido agradável.

– Eu dormi no sofá – contou John ao telefone.

Ele soava arrasado e constrangido, embora, francamente, não tão arrependido quanto eu achava que a situação exigia. Acima de tudo, parecia incomodado por ter cometido o que acreditava ser um erro idiota, mas relativamente insignificante.

– Esse tipo de coisa acontece – justificou-se, de modo casual demais para o meu gosto. – Os homens traem as esposas... Se não fôssemos famosos, ninguém se importaria.

Yoko, como era de se esperar, discordava.

– Você está bem? – perguntei ao telefone quando liguei para saber dela algumas horas depois.

– Não tenho resposta para essa pergunta – disse ela, a voz trêmula.

– Acha que vai ser capaz de perdoá-lo algum dia?

– Consigo perdoá-lo. Mas não sei se consigo esquecer o que aconteceu. Não sei se as coisas voltarão a ser como antes.

Ela parecia tão debilitada e humilhada que fiquei com o coração partido. Assim que desligamos – foi uma conversa curta –, me vi pensando no impensável. Pela primeira vez desde que os conhecera, cogitei a possibilidade muito real de que pudessem se separar. Tentei imaginar um mundo em que John e Yoko não estivessem mais juntos. Não consegui. Para mim, eles eram um casal mágico. Um definia o outro, um ampliava a genialidade do outro, os dois se encaixavam tão perfeitamente que pareciam ter sido unidos pelo destino. Como poderiam não ficar juntos?

Além disso, para ser bem franco, eu estava preocupado com o meu próprio desfecho nessa história. Perguntei-me se a amizade que eu mantinha com os dois sobreviveria a uma separação. Quem ficaria com a custódia da nossa amizade? Como poderia continuar amigo apenas de um deles? Ou acabaria sendo abandonado por ambos?

Depois de algumas semanas em que os ânimos esfriaram – quando Yoko compôs e gravou "Death of Samantha", sua ode em blues sobre enterrar a dor para manter as aparências –, a crise *pareceu* abrandar. Nos meses seguintes, eles *pareceram* voltar à normalidade, esforçando-se ao máximo para deixar o incidente para trás ou, pelo menos, abafá-lo da melhor forma possível. Durante algum tempo, funcionou. Yoko tentou perdoá-lo, mesmo que não conseguisse de verdade. E John – talvez finalmente sentindo um grau adequado de culpa – nunca tinha sido um marido tão atencioso quanto agora.

Três meses depois da festa de Jerry Rubin, em fevereiro de 1973, os Lennon pegaram um avião até Los Angeles para comparecer à minha festa. Era meu aniversário de 28 anos, e decidi fazer um sarau em casa para comemorar. Convidei meus vizinhos – Harry Nilsson, Alice Cooper, Micky Dolenz – e alguns outros, incluindo Louise, que veio dirigindo de Mill Valley, assim como John e Yoko, que eu sabia que estavam indo a Los Angeles para promover *Approximately Infinite Universe*, o disco recém-lançado de Yoko. Era, de certa forma, uma festa de revelação: pela primeira vez eu apresentaria meus velhos amigos de Laurel Canyon aos meus novos amigos até então secretos, os mesmos que misteriosamente vinham ocupando tanto do meu tempo ao telefone.

Fiquei um pouco nervoso, sem saber como John e Yoko se sentiriam ao assumirem nossa amizade e se seriam simpáticos com as outras pessoas que conviviam comigo. Pensei no clima estranho do jantar com Louise em Sausalito e esperava que dessa vez fosse diferente. No fim, as coisas não poderiam ter saído melhor. Logo que chegaram, os dois ficaram tão à vontade quanto se tivessem vivido em Laurel Canyon a vida toda. Eu já havia notado que eles não vinham passando muito tempo juntos – na maioria das vezes, cumpriam separadamente seus compromissos sociais –, mas pareciam de bom humor. Inclusive, no fim da noite, John até começou uma *jam session* espontânea com vários dos meus outros amigos músicos.

Foi um grande alívio. Dali em diante, não precisei mais esconder o que estava se tornando o relacionamento mais importante da minha vida.

Alguns dias depois, entrevistei Yoko no meu programa de rádio. Por acaso, era o aniversário *dela* – ela nasceu em 18 de fevereiro, e eu, no dia 16 –, então decidi tornar o momento especial. Ao contrário da minha primeira entrevista com Yoko, que tinha sido por telefone, aquela seria pessoalmente, na KABC. John insistiu em ir ao estúdio para encorajar Yoko, embora temesse que sua presença desviasse o foco de sua esposa. Ele tinha razão. Como era de se esperar, enquanto eu os conduzia pelo edifício, cabeças despontavam de portas entreabertas para ver o ex-beatle passar pelos corredores da KABC. Quando nos sentamos diante do microfone, havia um aglomerado de curiosos olhando para ele por uma das paredes de vidro do estúdio.

A atenção claramente incomodou John: ele estava determinado a deixar Yoko ter seu momento. Assim, não só permaneceu calado durante os 45 minutos da entrevista – o que não era fácil para alguém naturalmente tagarela –, como também fez questão de desaparecer, se escondendo debaixo de uma mesa no estúdio para não chamar mais atenção. É claro que foi estranho, e não deve ter sido confortável para John, mas me pareceu um gesto tão cavalheiresco quanto jogar o casaco sobre uma poça de lama para uma dama passar.

Mesmo assim, por mais galante que John tivesse sido e por mais animada que Yoko parecesse durante a entrevista, era difícil ignorar a frieza que havia se instalado entre os dois.

Fomos jantar depois em um restaurante japonês na La Cienega Boulevard, perto do estúdio. Embora o apetite dos dois tivesse melhorado desde a viagem de desintoxicação a São Francisco, o clima estava menos festivo do que na Dragon Wagon. John e Yoko não se davam as mãos. Não havia beijos carinhosos na testa um do outro. Quase não faziam contato visual. Eles eram cordiais – John foi impecavelmente atencioso –, mas o ar ao redor era cortante.

– Quer ir a outro lugar esta noite, Mãe? – perguntou John enquanto terminávamos nosso chá verde depois do jantar.

– Não, estou cansada – comentou ela, sem nem olhar para o marido. – Elliot, você se importa de nos dar uma carona de volta para o hotel?

Olhei para John. Pela expressão inquieta no rosto dele, percebi que o casamento deles ainda enfrentava problemas. Na verdade, estava por um fio.

Para ser justo, havia mais coisas ali do que tensões matrimoniais. Um dos lados negativos da reeleição de Nixon – além da guerra que continuava a pleno vapor no Vietnã, do escândalo de Watergate que batia à porta e de vários outros crimes e más condutas – era que a Casa Branca passaria mais quatro anos no cangote de John.

A ameaça de deportação era claramente um peso sobre os ombros dos Lennon, e por um bom motivo. Embora os esforços de vigilância do FBI não tivessem rendido nenhuma prova aproveitável, os agentes de Nixon tinham bolado um novo esquema para mandar John de volta à Inglaterra: usariam uma infração relacionada a drogas em Londres, quando John teve que pagar uma fiança de 150 libras por posse de uma pequena quantidade de haxixe (que, conforme se descobriu mais tarde, tinha sido plantada pela polícia), como pretexto para expulsá-lo dos Estados Unidos. Os lacaios de Nixon não perderam tempo para executar o plano. Em março de 1973, um mês depois da minha festa de aniversário em Laurel Canyon, ele recebeu uma ordem de deportação.

Continuar em Nova York era importante para John – ele se apaixonara pelos Estados Unidos. Sentia-se livre no país, longe do caos da vida na Inglaterra. A impressão dele era que lá, aonde quer que fosse, ele e Yoko seriam assediados por uma multidão. Isso também se aplicava a algumas partes dos Estados Unidos, como eu havia testemunhado em nossa viagem a São Francisco. Os nova-iorquinos, no entanto, eram mais indiferentes em relação às celebridades: estavam habituados com a presença delas. Assim, na maior parte do tempo, John conseguia ter algo mais parecido com uma vida normal em Manhattan.

Ele também apreciava o sistema de classes bem menos rígido. Obviamente, não havia nada nem perto de igualdade social nos Estados Unidos, mas a mobilidade era maior ali do que em sua terra natal. Os Estados Unidos estavam pelo menos alguns centímetros mais perto do ideal de John de uma sociedade sem classes. Lá, ele podia ser de fato um "herói da classe trabalhadora", como dizia o título de uma de suas canções.

Portanto, estava determinado a continuar no país e lutaria contra a deportação, fazendo seu caso transitar pelo labiríntico sistema judicial norte-americano. No fim, ele sairia vitorioso: poucos anos depois, em 1976, John se tornaria oficialmente um residente permanente dos Estados Unidos da América.

Porém, àquela altura, na primavera de 1973, o futuro de John nos Estados Unidos, um país que ele passara a amar como se fosse o seu, era incerto. Igualmente incerto era seu futuro com Yoko, que obviamente ainda estava digerindo a traição do marido na noite da eleição, tentando decidir se deveria ou não continuar casada. Para todos que conheciam John ou Yoko, eles estavam à beira de perder tudo o que havia de mais importante para ambos: seu país adotivo, sua parceria musical, a vida que tinham construído juntos em Nova York.

Como estamos falando de John e Yoko, paradoxos ambulantes, eles reagiram a esse momento de incerteza e aflição apostando ainda mais pesado um no outro. Escolheram jogar os dados cósmicos em um gesto espetacular de fé e esperança no poder duradouro do amor que sentiam.

Compraram um apartamento no edifício Dakota.

OITO
Nova York e Los Angeles, 1973

— É o número 72 – anunciou Yoko, entusiasmada, quando me ligou para contar que havia comprado um apartamento no Dakota. – Percebe o significado, Elliot? Sabe o que esse número significa?

Precisei de algumas explicações matemáticas, mas Yoko me disse exatamente o que o número significava, pelo menos para ela e John. Sete mais dois dava nove. E nove era um dígito imensamente significativo para os Lennon, um número inteiro que parecia reaparecer de forma misteriosa e mágica ao longo de toda a vida de John. Yoko falava sem parar sobre as repetidas vezes em que o número surgiu: John tinha nascido no dia 9 de outubro. Ela nascera em 18 de fevereiro (um mais oito). A primeira casa onde ele havia morado, a casa da avó, ficava na Newcastle Road, número 9. O sobrenome de Paul McCartney tinha nove letras. A primeira apresentação dos Beatles no Cavern Club foi no dia 9 de fevereiro de 1961. A primeira aparição deles no programa de Ed Sullivan foi em 9 de fevereiro de 1964. A banda se separou em 1969, após nove anos fazendo música juntos.

Alguns diriam que tudo isso era mera coincidência. John e Yoko acreditavam no contrário.

Presságios numerológicos à parte, eu estava entusiasmado por ver os Lennon recomeçarem em uma nova casa no Upper West Side, ainda que tivesse ficado meio ressabiado por terem escolhido aquela área em particular. Mudar-se do Greenwich Village para o Dakota era quase como partir para uma cidade totalmente diferente, ou até um país totalmente diferente, talvez até outro planeta. A Bank Street era uma travessa pitoresca, com fileiras de árvores e elegantes casas de tijolos geminadas. O edifício Dakota, por outro lado, era uma grande dama da era dourada (1870-

1900), com um saiote de arenito, que ocupava um quarteirão inteiro. O Village era lar de hippies, artistas e outros espíritos livres; os inquilinos do Dakota eram pilares do *establishment*, vindos de famílias ricas, além de um ou outro membro da realeza da antiga Hollywood e da Broadway, como Lauren Bacall e Jason Robards. Outros moradores eram Leonard Bernstein, Rudolf Nureyev, Rex Reed e, durante algum tempo, Boris Karloff. Vizinhos interessantes, sem dúvida, mas não exatamente o meio social de John e Yoko.

– Não acham que pode ser careta demais para vocês? – perguntei a John. – Será que as pessoas que moram lá sabem quem vocês são?

– Não quero que eles saibam quem nós somos! – exclamou ele, rindo. – Não quero saber quem *eles* são! Só queremos que nos deixem em paz. Quando pode vir ver o apartamento? Consegue chegar amanhã?

Embora não fosse incomum para mim na época pegar um voo para Nova York de uma hora para outra – ainda mais se John ou Yoko pedissem –, dessa vez eu não poderia ir tão rápido. Minha própria vida em Los Angeles havia passado por uma reviravolta surreal, tornando-se muito mais atarefada e complexa. Como um personagem em um romance kafkiano, eu tinha experimentado uma metamorfose estranha e inesperada. Para meu horror, acordei um dia e notei que havia me transformado em uma personalidade televisiva.

A Rádio KABC era afiliada da KABC TV, e alguém da diretoria teve a brilhante ideia de me escalar como "correspondente de entretenimento" do telejornal das onze da noite. A lógica por trás disso, imagino, era que, como eu já entrevistava celebridades para o meu programa de rádio, seria fácil (e barato) mandar uma equipe de filmagem comigo para gravar alguns minutos de conversa para vinhetas na TV.

Na prática, não era tão simples. Primeiro, enquanto as conversas na rádio podiam se estender por uma hora ou mais, a programação da TV exigia uma velocidade à qual eu não estava habituado. Tive que aprender a iniciar e encerrar uma entrevista em dois ou três minutos. Segundo, como a televisão é uma mídia visual, eu precisava pensar melhor no local onde as entrevistas ocorreriam. Uma das primeiras filmagens que fiz para o *Eyewitness News*, por exemplo, foi com meu antigo vizinho Alice Cooper, que passara ele próprio por uma metamorfose: deixara de ser um humilde trovador de Laurel Canyon para se tornar um astro de rock de sucesso, infame por suas provocações nos palcos, empalando cabeças de bonecas e amarrando a si mesmo em uma cadeira elétrica.

A entrevista com Alice acabou sendo gravada em um campo de golfe. Para minha grande surpresa, descobri que a coisa que ele mais gostava de fazer no tempo livre era praticar as tacadas.

Outra complicação: meu programa de rádio terminava às dez da noite, somente uma hora antes de o noticiário ir ao ar. Eu tinha que sair correndo do estúdio na La Cienega até East Hollywood, onde ficava a emissora, me sentar à cadeira da sala de maquiagem e estar pronto para as câmeras a tempo de gravar o trecho ao vivo. Era uma rotina frenética e extenuante.

Mas o que mais me incomodava em estar na TV era... estar na TV. Eu tivera uma breve experiência na televisão alguns anos antes, apresentando um programa de baixíssimo orçamento na TV UHF chamado *Headshop*, em que entrevistava convidados como Moe Howard do grupo Os Três Patetas (assim como um jovem pianista totalmente desconhecido na época, Billy Joel). Mas as pessoas que assistiam àquela produção insignificante, que ia ao ar nos confins mais remotos das faixas de transmissão, no canal 52, podiam ser contadas nos dedos das mãos. O noticiário da KABC passava no canal 7, ou seja, na TV aberta, e alcançava centenas de milhares de espectadores. Eu temia que estar naquele programa faria com que meu rosto se tornasse mais reconhecido do que eu jamais desejara.

– Não se preocupe, Elliot – garantiu David Cassidy, revirando os olhos, quando compartilhei com ele meu medo de perder o anonimato. – É só um noticiário local. Não acho que você vá precisar de um aparato de segurança para controlar as multidões.

David tinha razão, é claro. Eu nunca me vi correndo por estações de trem, como um beatle, enquanto hordas de fãs me perseguiam, com "A Hard Day's Night" tocando ao fundo no volume máximo. Vez por outra, eu estava no Canter's Deli tomando uma canja de galinha e um espectador timidamente vinha falar comigo para elogiar uma das entrevistas que eu havia feito no noticiário, mas isso era o máximo de invasão de privacidade que eu precisava aguentar. Além disso, eu estava preso àquele trabalho; se tivesse recusado, os mandachuvas da KABC teriam me substituído com toda a facilidade não só na TV como também na rádio. Então, dei de ombros e resolvi enfrentar a situação da melhor forma possível, aprendendo a sorrir educadamente sempre que um estranho me cumprimentava.

Para ser sincero, muito do que aconteceu naquele período passou como um borrão. Gosto de pensar que tenho uma excelente memória, quase fotográfica – estou confiante de que as histórias que registro nestas páginas estão alinhadas com uma verdade objetiva (se é que isso existe). Mas aquele período específico foi tão atribulado – um turbilhão de gravações, prazos e correrias para fazer entrevistas por toda a cidade – que tende a se misturar na minha mente feito um caleidoscópio de rostos, nomes e acontecimentos.

Apesar disso, eu lembro com clareza a minha primeira visita ao novo apartamento de John e Yoko. Depois que John me convidou, demorei uma semana para abrir espaço na minha agenda e ir de avião à Costa Leste. Fui direto do Aeroporto JFK para o Dakota, sem parar no Hotel Plaza, onde eu costumava me hospedar. Quando o táxi me deixou na entrada do prédio na Rua 72, fiquei parado na calçada por alguns instantes, com a mala ao lado, me sentindo como Nick Carraway em *O Grande Gatsby* quando ele chegou ao bairro fictício de West Egg pela primeira vez, maravilhado pela arquitetura daquela construção magnífica. O edifício Dakota me parecia uma das estruturas mais misteriosamente belas – e estranhamente intimidadoras – de toda a cidade de Nova York.

A entrada principal era uma arcada de 6 metros de altura por 5 de largura, ampla o suficiente para carruagens a cavalo poderem entrar para embarque e desembarque de passageiros, com portões de ferro fundido pesados que precisavam ser operados manualmente pelo porteiro, que ficava de vigia em uma guarita. Quando foi inaugurado, em 1884, era o único prédio na área ainda subdesenvolvida e erma do Upper West Side. Supostamente, foi por isso que o proprietário o batizou de Dakota, por ser tão remoto quanto essa região dos Estados Unidos. Bem antes de 1973, é óbvio, Manhattan tinha crescido ao redor do edifício. A velha construção passara a abrigar vizinhos mais jovens e barulhentos e a Rua 72 Oeste havia se tornado um dos principais eixos da engrenagem urbana de Nova York. Mesmo assim, o Dakota mantinha a aura de fortaleza solitária, feito uma sentinela.

John e Yoko me receberam no vestíbulo abobadado do outro lado da arcada de entrada, sorridentes e ansiosos para começar o tour, que teve início não no novo apartamento deles no sétimo andar, mas em uma unidade que também haviam comprado no térreo e que estavam convertendo em escritório. Ali, explicaram animados, seria a nova sede do Studio One, a entidade comercial por trás de todos os empreendimentos criativos de John e Yoko. Havia montadores instalando uma coluna de gabinetes do chão ao teto no salão principal, e caixas e engradados por todo o canto, além de máquinas de escrever e montanhas de outros equipamentos ainda embalados.

John não tinha um escritório no Studio One, mas Yoko, sim. Embora ainda estivesse tomando forma, no minuto em que ela abriu a porta percebi que aquela seria a central de energia dos negócios deles, a sala do trono do império Lennon (inclusive com banheiro privativo). Havia uma enorme mesa neoegípcia com hieróglifos gravados na madeira polida; uma *chaise longue* de pele branca; uma lareira; espelhos escurecidos ocupando uma parede inteira; um céu pintado no teto; e luminárias art déco que pareciam bem caras.

Quando terminaram o tour no Studio One, John e Yoko me levaram até o elevador do Dakota – um dos primeiros instalados na cidade, segundo diziam –, e subimos até o sétimo andar, para a atração principal.

Eu tinha visitado algumas casas impressionantes em Los Angeles, de mansões de magnatas a coberturas de estrelas de cinema, mas nada tão arrebatador quanto o novo apartamento de John e Yoko. Tinha mais de 450 metros quadrados, com um pé-direito estonteantemente alto e janelas colossais, com uma vista para o Central Park de tirar o fôlego. Ainda não estava inteiramente decorado, mas já se encontrava bem mais adiantado do que os escritórios do térreo. A sala de estar espaçosa sem dúvida parecia concluída: quase tudo nela, desde o carpete felpudo, passando pelo enorme sofá de canto e a lareira ainda apagada, até o piano de cauda Steinway (o que aparece no videoclipe de "Imagine"), era tão branco quanto a neve. O cômodo chegou a ganhar um letreiro: havia uma placa dourada à entrada que o identificava oficialmente como "O Salão Branco".

A estética era o estilo minimalista shibui, em que cada superfície era implacavelmente despida de qualquer ornamentação – mas tudo com bom gosto. Não havia objetos decorativos entulhando prateleiras, bibelôs enfeitando cristaleiras nem paredes cobertas de pinturas.

Além do piano e de uma ou duas outras peças (como a escrivaninha do século XVIII que pertencera ao poeta escocês Robert Burns), apenas uma obra de arte se destacava no Salão Branco: uma caixa em acrílico sobre um pedestal branco com cerca de 1,5 metro de comprimento. Dentro da caixa estava um sarcófago de 3 mil anos. John e Yoko tinham obtido a última múmia que pôde ser retirada do Egito antes de o governo daquele país proibir a exportação de suas antiguidades nacionais.

– Vocês deveriam passar isso no raio X para ver o que tem dentro – sugeri. – Pode ter algo de valor, como pedras preciosas.

– Não importa o que tem dentro – respondeu Yoko casualmente. – A coisa mais valiosa é a magia da própria múmia.

Não me dei conta disso na época, é claro, mas, enquanto John e Yoko me mostravam seu novo apartamento – a cozinha grande e confortável em que compartilharíamos tantas refeições nos anos seguintes; o quarto principal em que eu passaria tantas horas felizes sentado na cadeira de vime branca, conversando com os dois até altas horas da noite –, eu estava fazendo um tour pelo meu próprio futuro. Foi meu primeiro vislumbre de um mundo que, com o tempo, se tornaria tão familiar para mim quanto minha própria casa (bem mais modesta) em Laurel Canyon, quase como se John e Yoko estivessem me dando as boas-vindas ao *meu* lar.

Outra coisa de que me lembro claramente sobre aquela longa tarde no Dakota é o aparente entusiasmo de John e Yoko com a vida que estavam construindo juntos naquele novo ninho maravilhoso. Os dois tinham muitos planos para o lugar. John descreveu com alegria a "central de entretenimento" que queria construir em um ambiente junto à cozinha. Yoko, sempre uma artista, falava sem parar sobre as inúmeras ideias de design que tinha para o espaço. A animação deles era tão contagiante que foi fácil esquecer a dor e o estresse – e, para Yoko, a humilhação – com os quais eles vinham lidando nos meses anteriores, desde o incidente na festa de Jerry Rubin, que nunca era mencionado.

Alguns dias depois, no meu voo de volta para Los Angeles, eu estava convencido de que John e Yoko tinham superado seus problemas. Deixaram o passado para trás. John havia aprendido sua lição e Yoko conseguira perdoar, embora não esquecer. Eles tinham voltado a ser um casal mágico, uma prova viva de que tudo de que você precisa é amor.

Obviamente, eu estava enganado. A dor não tinha acabado, e as coisas ainda ficariam muito piores antes de melhorarem. A traição de John naquele quarto cheio de casacos na noite da eleição acabaria por se mostrar um mero prelúdio. Apenas acendera o pavio de uma explosão muito mais violenta.

A fase de John que ficou conhecida como "fim de semana perdido" (Lost Weekend, que, apesar do nome, duraria muito mais que isso) estava prestes a começar.

PARTE TRÊS

CUT PIECE

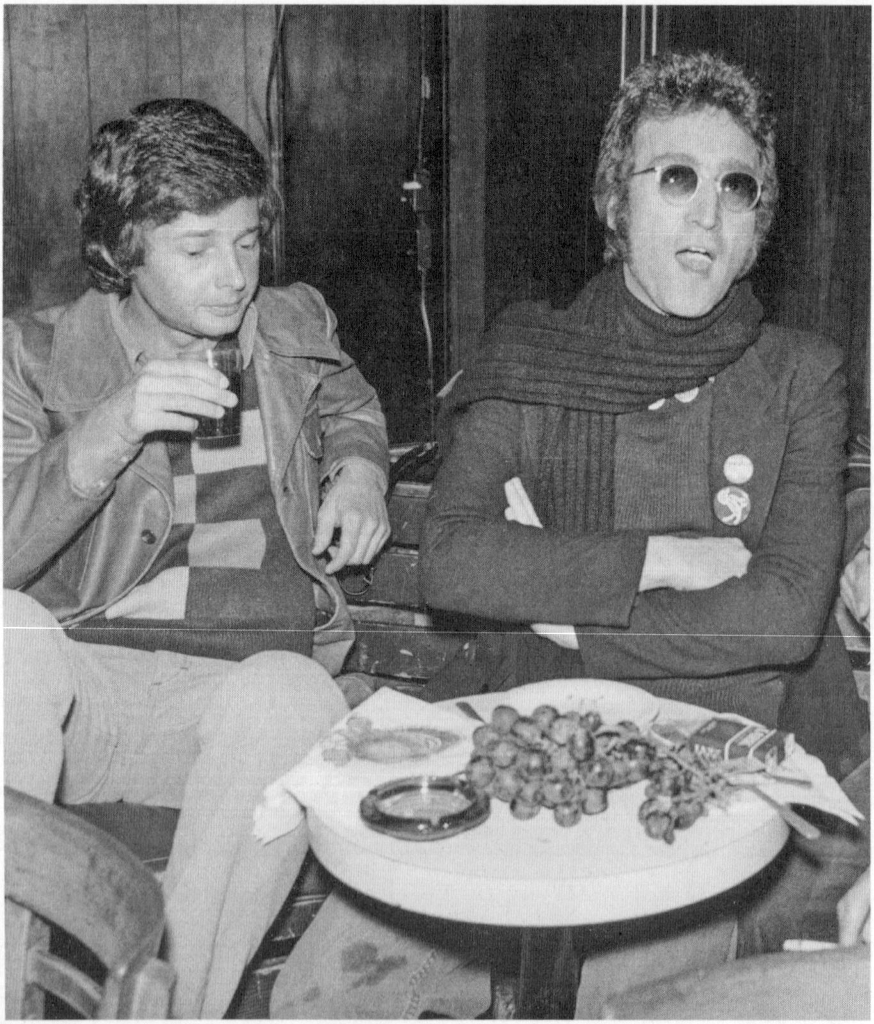

NOVE
Los Angeles, 1973 a 1974

Alguns acreditam que Yoko não só aprovava o caso amoroso como também abriu caminho para ele. Que teria feito May Pang se sentar ao lado de John naquele voo da American Airlines de Nova York a Los Angeles, sabendo muito bem o que provavelmente aconteceria. Que a atraente assistente pessoal de 23 anos cedo ou tarde acabaria indo para a cama com seu marido.

Teoricamente, sim, é possível. Yoko sempre foi uma mulher complexa, jogando com seu futuro como uma mestre enxadrista que pensava cinco passos à frente. Pode ser que a longo prazo ela visse alguma vantagem estratégica em articular aquele caso. Escolhendo a dedo a amante de John, talvez sentisse que poderia exercer algum controle sobre as suas infidelidades conjugais. Talvez, com seus conselheiros místicos, ela tivesse visto o que estava por vir, sabendo que John estava à beira de um colapso, e estivesse tentando amortecer o impacto inevitável.

Se alguma parte disso é verdade, Yoko nunca me soprou uma palavra. Tudo o que falou em outubro de 1973 foi que estava mandando John e uma assistente a Los Angeles. Será que eu poderia recebê-los no aeroporto?

Àquela altura, eu já sabia que o casamento dos dois estava em maus lençóis. Apesar dos esforços para salvar o relacionamento – do afinco com que montaram aquele ninho em seu novo lar no Dakota –, a luz vermelha no teto do meu quarto piscava com ainda mais frequência nos dias e nas semanas que levaram ao que mais tarde seria conhecido como o "fim de semana perdido" de John: os 18 meses que ele passou exilado da esposa e de sua casa em Nova York.

O comportamento de Yoko, como sempre, era não deixar transparecer nenhuma emoção: ela sempre foi assim, mesmo sob o estresse de seu casamento em declínio. Mas ficava claro nas nossas conversas ao telefone que estava sofrendo.

– John e eu não estamos nos dando muito bem. Você sabe, não é, Elliot? – perguntou ela durante uma dessas chamadas.

– Lamento ouvir isso.

– Não temos nos visto muito. E também não estamos conversando muito.

– Posso ajudar de alguma forma?

– O que você poderia fazer? – retrucou ela. – John me distrai do meu trabalho. Ele não entende tudo o que eu faço. Está sempre atrapalhando. É muito cansativo. Às vezes, eu só preciso estar sozinha.

As ligações de John eram tão deprimentes quanto as dela.

– A Mãe tem falado sobre a gente? – perguntou ele durante uma conversa de manhã bem cedo.

– Yoko fala de tudo comigo – respondi, evasivo.

– Não consigo mais ficar com ela – lamentou ele. – Outro dia, fiz a barba, me arrumei todo e disse a ela que queria levá-la ao seu restaurante preferido. Ela recusou. Disse que não tinha tempo. Porra, minha própria esposa me falou uma coisa dessas!

Não sei se houve um evento específico – um deslize em particular que a magoou, talvez, ou uma discussão acalorada – em que Yoko perdeu a paciência. Imagino que não. Ela sempre foi uma pessoa metódica, e meu palpite é que orquestrou de maneira rigorosa e calculista a expulsão de John do Dakota. Provavelmente se consultou com sua equipe de conselheiros espirituais para determinar o momento mais oportuno do ponto de vista astrológico e numerológico para dar início à separação. Em seguida, tratou dos detalhes logísticos – o itinerário do voo, as acomodações em Los Angeles, talvez até mesmo a acompanhante – com a precisão fria de um cirurgião se preparando para uma amputação. Tudo planejado e executado com tanta discrição que John nem deve ter percebido o que estava acontecendo.

Com certeza ele não parecia um homem que tinha sido expulso de casa quando o encontrei ao lado de May Pang, no Aeroporto Internacional de Los Angeles.

– Está magrinho, Ellie! – exclamou ele com um sorriso rasgado quando os recebi no portão de desembarque. – Voltou a tomar aquelas pílulas de emagrecimento?

– Injeções – corrigi. – E não, não estou tomando nada.

Eles tinham pouca bagagem, o que sugeria que nenhum dos dois planejava uma longa estada em Los Angeles. Ajudei-os com as malas e os conduzi até onde tinha estacionado meu carro. Yoko me instruíra a levá-los à casa do produtor musical Lou Adler, em Bel Air, uma minimansão de cerca de 750 metros quadrados no alto da Stone Canyon Road, que era emprestada a John enquanto ele estivesse na cidade. Algumas pessoas olharam enquanto atravessávamos o terminal a passos rápidos, mas naquela época aeroportos eram locais relativamente seguros para celebridades. (Isso foi antes de os paparazzi começarem a emboscar as estrelas na pista de aterrissagem, para fotografá-las saindo do avião sonolentas, depois de voos longos e cansativos.)

– Preciso de dinheiro – disse John enquanto nos acomodávamos em meu velho e surrado Jaguar. May, que mal tinha aberto a boca desde que chegaram, se sentou no banco de trás. – A Mãe disse que eu poderia usar isto aqui – prosseguiu, me entregando um punhado de cheques de viagem. Havia cerca de 10 mil dólares ali, uma quantia considerável mesmo hoje em dia, mas uma pequena fortuna em 1973. – Consegue trocar pra mim?

John parecia uma criança no que dizia respeito a cuidar de si mesmo. Não era culpa dele: tinha sido um astro do rock desde a adolescência. Durante quase toda sua vida adulta, sempre que queria algo, alguém arranjava para ele. Nunca aprendera a fazer compras no supermercado, nunca pagara uma conta, nunca enviara um pacote pelos correios nem tratara de qualquer uma das tantas tarefas às quais nos dedicamos todos os dias. Não tinha a mínima ideia de como lidar com dinheiro e como comprar coisas com ele.

No entanto, era para isso que May estava ali. Quer Yoko tivesse ou não segundas intenções em relação à assistente, a função principal de May em Los Angeles era garantir que John fosse alimentado e auxiliado, que todas as necessidades básicas dele – ou pelo menos a maioria – fossem supridas.

Quero falar um pouco sobre May, pois nas décadas que se seguiram ela nunca teve pudores em apresentar sua versão do que aconteceu naquele período (ou em compartilhar sua opinião nada lisonjeira sobre Yoko, a quem via como sua rival no amor). May publicou vários livros sobre seu caso com John, ofereceu detalhes íntimos do relacionamento em documentários e deu centenas de entrevistas sobre o assunto. Se você acreditar na versão dela, é inevitável sair com a impressão de que, por algum tempo, ela foi o sol incandescente do universo de John – que o romance dos dois foi o eixo em torno do qual todo aquele "fim de semana perdido" girou.

Não tenho dúvidas de que é nisso que ela acredita. Suspeito que tenha sido de fato profundamente apaixonada por John. E não tenho motivos para duvidar que John também nutria um afeto sincero por ela. A impressão que tive, quando os busquei no aeroporto, foi a de que era uma mulher inteligente, charmosa e muito competente. Ela não fumava. Não bebia. Parecia uma assistente excepcional.

Mas também devo dizer que, depois que deixei os dois na casa de Adler – parando no caminho em um banco para descontar os cheques de viagem –, raramente voltei a encontrá-la em Los Angeles. Durante todos os anos em que mantive contato com John – até seus últimos dias de vida –, não lembro de uma única conversa em que ele tenha mencionado o nome dela. Isso talvez seja o mais revelador.

Portanto, vou deixar May contar sua história, com suas próprias palavras, nos livros que escreveu. Neste aqui, eu a deixarei por ora à porta da casa de Adler em Bel Air, acompanhando o marido da sua chefe, enquanto volto no meu Jaguar para Laurel Canyon, observando ambos desaparecerem pelo retrovisor. Até hoje, desejo o bem dela.

Uns 20 minutos depois, quando abri a porta da minha casa, o telefone tocou. Era Yoko na linha direta.

– Deu tudo certo? – perguntou ela.

– Sim, eles chegaram bem. Já descontei os cheques de viagem e levei os dois para a casa do Lou Adler. Tudo correu tranquilamente.

– Como ele parecia estar?

– Quer dizer fisicamente?

– Você sabe o que eu quero dizer, Elliot. Ele parecia feliz?

– Ele parecia o John de sempre.

– Está escondendo algo de mim?

– Yoko, quero deixar uma coisa bem clara. Eu amo você. E amo o John.

Não vou escolher um lado. Não vou esconder nada de nenhum de vocês dois. Se houver algo que você não queira que John saiba, não me conte. Porque eu não me sinto confortável guardando segredos de nenhum de vocês.

Fez-se um longo silêncio antes de ela voltar a falar:

– Apenas o mantenha em segurança, Elliot. Pode fazer isso para mim? Pode mantê-lo em segurança?

– Vou fazer todo o possível – respondi.

NOS PRIMEIROS MESES, John parecia muito satisfeito em Los Angeles – até feliz, poderíamos dizer. Era como se considerasse sua expulsão do Dakota e o exílio na Costa Oeste uma espécie de férias de solteiro. Vale lembrar, ele tinha 21 anos quando se casou com Cynthia e 28 quando se casou com Yoko. Agora, prestes a completar 33, pela primeira vez na vida adulta não tinha uma esposa (nem três outros caras) para fazer o papel de família estendida. Era um homem livre.

Com certeza estava bem animado quando, poucas semanas depois de chegar à cidade, eu o filmei passeando pelo litoral de Malibu. Estava prestes a lançar um novo álbum, *Mind Games*, e ansioso para promovê-lo, então concordou em me dar mais uma entrevista. Só que, em vez de levá-lo à rádio de novo, perguntei se eu poderia filmar nossa conversa para um segmento do *Eyewitness News*.

– Poderíamos gravar na praia – sugeri, sabendo quanto John gostava de estar perto do mar. – Seria bom pegar um pouco de ar marinho.

John concordou na mesma hora, mas comecei a ter dúvidas no instante em que comecei a planejar os detalhes. Será que precisaria de permissão para filmar na praia? Se uma multidão aparecesse, como faríamos para controlá-la? Como garantir que não fôssemos assediados por curiosos? Em qual praia deveríamos gravar? Qual era menos frequentada? De que tipo de equipamento precisaria? Naquela época, uma câmera de TV portátil era um trambolho gigantesco que o operador de câmera tinha que carregar nos ombros. A bateria era maior ainda e ia em uma mochila nas costas do cinegrafista. Também seria preciso levar um equipamento de som à parte: capturar áudio de qualidade aceitável para a TV em uma praia, com o vento e o barulho das ondas, era muito mais difícil do que parecia.

No fim das contas, decidi improvisar. Busquei John na casa de Adler por volta do meio-dia e fomos para Malibu no Jaguar, com uma pequena equipe do noticiário nos seguindo em uma van. Resolvi dirigir pelo litoral até encontrarmos um ponto à beira-mar que parecesse convidativo e gravaríamos a entrevista ao estilo jornalismo de guerrilha, sem permissões ou aparato de controle, apenas com o elemento surpresa a nosso favor. Com sorte, o cinegrafista e o técnico de som saberiam o que fazer.

– Já tomou café da manhã? – perguntei a John enquanto dirigia, puxando assunto.

– Só uma xícara de chá – disse ele. – Eu toparia fazer uma boquinha agora.

Por acaso, havia um McDonald's logo adiante na estrada – dava para ver os gigantescos arcos –, então sinalizei para a van que iríamos fazer uma parada rápida. Por algum motivo, o estacionamento daquele McDonald's estava quase deserto, o que considerei uma sorte. A última coisa de que eu precisava era John cercado por fãs antes de a entrevista sequer começar.

– Me diz o que quer e eu busco pra você. Você fica no carro – falei para John enquanto manobrava.

– O que eles servem? Linguiça com purê seria ótimo.

Devo confessar que, quando ouvi isso, fiquei meio perplexo. Eu nunca tinha comido em um McDonald's (e, para constar, nunca mais comi depois daquele dia). Tinha ouvido falar em "Big Mac", mas não sabia exatamente o que era. Mesmo assim, eu tinha certeza de que linguiça com purê de batata não constava no cardápio.

– Eles servem hambúrgueres e batata frita, esse tipo de coisa – informei.

– Qualquer coisa, Ellie, qualquer coisa está bom – disse ele, observando o estacionamento vazio com um brilho curioso nos olhos.

Então, antes que eu abrisse a porta do carro, John pousou a mão no meu braço.

– Faz tempo que eu não dirijo – comentou ele. – Será que posso dar umas voltas com o seu carro por aqui?

Não era segredo que John era um péssimo motorista. Embora houvesse tirado carteira na Inglaterra em 1965, no auge da Beatlemania, quase não tinha experiência atrás do volante. Nas poucas ocasiões em que havia dirigido, tinha se mostrado quase incapaz de andar na rua e, pior ainda, desatento aos outros veículos. Apenas quatro anos antes, em 1969, quando estava de férias na Escócia, havia se envolvido em um terrível acidente, capotando com seu Austin Maxi em uma vala à beira da estrada.

Engoli em seco. Pensei na minha promessa a Yoko de mantê-lo em segurança. Mas conhecia John bem o suficiente para saber que era melhor não discutir. Além do mais, o estacionamento estava vazio – o que poderia dar errado? Assenti e gesticulei para trocarmos de lugar.

– Tem certeza de que consegue? – perguntei com nervosismo no banco do carona enquanto ele experimentava a alavanca de câmbio.

– Vê só – respondeu ele, confiante.

Com essas palavras, John meteu o pé no acelerador e fez o carro voar pelo estacionamento como um foguete descontrolado. Senti a força G colar meu corpo contra o banco enquanto queimávamos o asfalto. John girou o volante bruscamente para a direita, o que me jogou contra a porta do carona. Então, com a mesma força, ele rodou o volante para a esquerda, fazendo o Jaguar girar quase 360 graus. Por fim, depois do que pareceu uma eternidade, pisou no freio e parou cantando os pneus, enchendo o ar com o cheiro de borracha queimada. Pelo retrovisor, vi o pessoal da equipe parado do outro lado do estacionamento, olhando para nós boquiabertos.

– Bom – falei, recuperando o fôlego –, o que achou?

– Acho que seu volante precisa de uns ajustes.

Meu volante estava ótimo. Já o meu pescoço...

A entrevista, no fim das contas, foi ótima. Depois de sair com todo cuidado do estacionamento do McDonald's, segui até um trecho surpreendentemente deserto da praia, junto ao píer de Malibu, onde a equipe de filmagem capturou John conversando comigo sobre tudo, incluindo seu novo álbum, suas memórias da Beatlemania e a pergunta que não saía da cabeça das pessoas e que John já havia respondido pelo menos mil vezes: a possibilidade de um retorno dos Beatles.

– É bastante possível, sim – afirmou ele, sentado na areia comigo. – Não sei por que diabos faríamos isso, mas é possível.

– Você gostaria que isso acontecesse? – insisti.

– Se acontecer, vou gostar.

– Acha que a iniciativa poderia partir de você?

– Bom, não sei dizer.

– Mas, imaginando que sim, consegue se ver dando o primeiro passo?

– Não sei, Ellie. Você me conhece: faço as coisas por instinto. Se me der na telha, posso ligar pra eles e dizer: "Ei, vamos fazer alguma coisa juntos." Então não sei dizer ao certo. Se for para acontecer, vai acontecer.

– Não é algo que você descarta terminantemente?

– Não, não, só tenho boas lembranças agora e as feridas já cicatrizaram. O que tiver que ser será. Se todos toparem, podemos gravar juntos.

Quando a entrevista foi ao ar naquela noite, pareceu que toda a cidade de Los Angeles – e além – assistiu. Foi de longe a entrevista mais bem recebida que eu já tinha feito e que jamais faria. A única pessoa que não viu foi o próprio John.

– Por que eu veria? – indagou ele quando perguntei o que ele tinha achado. – Eu estava lá quando você filmou.

JOHN E EU PASSAMOS muito tempo juntos nas semanas e nos meses seguintes. Quando não nos víamos pessoalmente, continuávamos nos falando com frequência ao telefone. Mas ele também estava ampliando seu círculo de amizade, saindo com Harry Nilsson, o brilhante cantor-compositor que também era famoso por causar problemas. Nilsson logo se tornaria um dos maiores companheiros de bebedeira de John. Poucas semanas depois da nossa entrevista na praia, John me ligou para dizer que queria ir até Las Vegas farrear com seus novos amigos. Será que eu poderia levá-lo?

Ele não estava me convidando para ir com eles. Precisava de alguém que o acompanhasse e arranjasse a hospedagem no hotel – talvez fosse o Flamingo ou o Caesars Palace, não lembro – que seria o ponto de encontro. Mas eu aceitei porque… bom, porque John me pediu.

Então, no dia seguinte, às dez da manhã – um horário indecente para a minha rotina –, busquei John na casa de Adler e o levei de carro até o Aeroporto Internacional de Los Angeles, onde mesmo naquela época já havia voos de hora em hora para Vegas. No meio do caminho até o aeroporto, no entanto, em um trecho particularmente duvidoso da La Cienega Boulevard, John viu algo que capturou sua atenção: um clube de strip deprimente chamado Losers.

– Temos que parar ali, Ellie – falou ele. – Precisamos ver qual é a do Losers.

Lancei um olhar para John e vi que ele falava sério. A contragosto, parei no estacionamento do clube, onde havia outros três ou quatro carros estacionados. Tentei imaginar que tipo de gente frequentava uma espelunca daquelas às 10h30... até perceber que seríamos duas dessas pessoas. Então, como sempre fazia quando saía em público com John, calculei a probabilidade de nos virmos encurralados. Lembrei-me da multidão que John atraíra da última vez que tinha nos colocado em situação semelhante, quando me pedira que o levasse para ver *Garganta profunda* no Pussycat Theatre, na Hollywood Boulevard. Tivemos que abrir caminho às cotoveladas em meio a centenas de pedintes de autógrafos antes de enfim entrarmos e nos sentarmos para a sessão das 17h45. (John, aliás, nem ligou para o filme; fomos embora depois de 20 minutos. "Já vi coisa muito melhor", observou ele com indiferença no caminho de volta.)

Eis aqui uma lição sobre a fama que aprendi naquela manhã, durante nossa breve parada no Losers: contexto é tudo. As chances de um artista da estatura de John Lennon aparecer em um lugar tão deplorável eram tão astronomicamente raras que, quando ele *de fato* apareceu, ninguém conseguiu acreditar. A ficha não caiu nem mesmo para a dançarina cansada que se apresentava no palco a centímetros de distância dele, olhando direto para aquele rosto que todo mundo conhecia. Ela pode até ter pensado *Nossa, esse cara se parece muito com John Lennon*, mas duvido que tenha suspeitado por um segundo que estava de fato dançando para o gênio que compôs "Strawberry Fields Forever".

Passamos uns 30 minutos deprimentes no Losers, inserindo moedas de 25 centavos no jukebox que havia no canto, assistindo às dançarinas do turno da manhã rodopiando entediadas e tentando tirar os próprios sutiãs, antes de voltarmos para o carro e seguirmos até o aeroporto. Quando saímos, John sorriu e cantarolou um trecho bastante apropriado da letra de uma das faixas de *Some Time in New York City*: "*We make her paint her face and dance...*" (Nós a obrigamos a pintar o rosto e dançar...).

Quando aterrissamos em Vegas, testemunhei o outro lado do contexto da fama. Ao contrário de um clube de strip decadente na La Cienega, o cassino de um hotel chique no coração da cidade era um lugar perfeitamente plausível para uma celebridade como John Lennon estar – portanto, era previsível a comoção que John estava causando ao parar para algumas rodadas na roleta.

Ele estava demonstrando ali um sistema de apostas "infalível", que desenvolvera por conta própria. Com os 300 dólares que me pedira emprestado – mais uma vez, lembrei quão ruim John era com dinheiro e como era estranho que ele nunca tivesse o seu próprio –, ele fazia apostas de uma ficha em todos os números da roleta, com exceção de um. É claro que, espalhando as fichas dessa forma, um dos números de John quase sempre saía, o que ele acreditava ser prova de que o sistema era infalível. Quando tentei explicar que ele estava perdendo dinheiro a cada rodada – o cassino pagava 35 fichas para cada aposta vencedora, mas ele desembolsava 37 fichas para cobrir a roleta quase toda –, John me encarou de volta, indignado.

– Mas estou ganhando toda rodada! – exclamou ele.

Nunca tive a chance de esclarecer o furo naquela lógica, pois, em questão de minutos, a mesa da roleta estava tomada de fãs que brandiam guardanapos e canetas na cara de John, exigindo autógrafos.

– Os Beatles estão aqui! Os Beatles estão aqui! – gritou alguém, causando um tumulto ainda maior à nossa volta.

Peguei John pelo braço e o arrastei pela horda até encontrar um grupo de seguranças do hotel, que o escoltaram até um lugar seguro. Eu fui logo atrás, para garantir que John estivesse bem. Depois de uma conversa rápida e tranquilizadora com os funcionários do hotel, me senti confiante de que ele conseguiria chegar ao encontro marcado com os amigos.

Eu tinha feito o que John me pedira: o levei até Vegas. Não havia muito mais que eu pudesse fazer, então dei meia-volta, peguei um táxi para o aeroporto, entrei num avião e estava novamente em Laurel Canyon algumas horas depois.

Assim que abri a porta de casa, a linha direta começou a tocar.

– Como ele está? – perguntou Yoko.

– Ele está bem. Está em Las Vegas com alguns amigos.

– Que amigos? Com quem ele vai se encontrar?

– Não sei direito – respondi, sendo sincero. – Ele não chegou a falar. Acho que talvez Harry Nilsson. Eles têm saído muito juntos.

Yoko ficou um instante em silêncio.

– Continue tentando manter John em segurança, Elliot.

Mais uma vez, prometi que iria tentar.

COM O PASSAR DO TEMPO, no entanto, manter John em segurança se tornou uma tarefa bem mais complexa. Após três ou quatro meses em Los Angeles, boa parte do entusiasmo inicial tinha evaporado e o humor dele estava começando a azedar. Ele sentia saudades de Yoko: começou a me perguntar quando eu achava que ela o deixaria voltar para casa, uma pergunta para a qual eu não tinha resposta. Ele passava cada vez mais tempo com Nilsson, bebendo no Troubadour até altas horas, e muitas vezes eram os últimos a sair. Depois de John ter sido expulso de lá por arranjar briga com os Smothers Brothers, em um episódio notório – eu não estava lá durante o incidente, mas no dia seguinte, a pedido de John, enviei um grande arranjo de flores para os irmãos como pedido de desculpas –, a farra de fim de noite se mudou para o Rainbow Bar & Grill, na Sunset Boulevard. Foi ali que John, Harry e alguns outros – incluindo meus velhos amigos Micky Dolenz e Alice Cooper, além do ex-roadie dos Beatles Mal Evans, o compositor Bernie Taupin e os músicos Keith Allison, Klaus Voormann e Marc Bolan – formaram o infame clube de bebedeira conhecido como Hollywood Vampires.

Seria difícil exagerar a magnitude dos excessos que ocorreram na sala VIP do Rainbow, uma pequena alcova no segundo piso do bar. A quantidade de álcool consumida era espantosa, para dizer o mínimo, sem contar os papelotes de cocaína discretamente entregues. Nilsson, grande como um urso, conseguia virar uma dezena de Brandy Alexanders – uma mistura potente de conhaque, creme de leite e licor de cacau, coquetel que logo seria adotado por John – em uma só sentada. Como eu não era uma celebridade, nunca fui considerado membro dos Hollywood Vampires, mas era bem-vindo como convidado e passei várias noites no entorno daquelas festas loucas e, por vezes, assustadoras.

– Vai beber o quê? – perguntou Nilsson quando John nos apresentou.

– Hã, uma taça de Chardonnay seria ótimo – respondi.

Ele chamou o garçom e mandou vir uma garrafa inteira.

– Ah, só vou beber uma ou duas taças – avisei. – Já tomei algumas.

John se inclinou na minha direção e sussurrou:

– Hoje você vai beber a porra da garrafa toda.

Foi mais um lembrete de por que Yoko se preocupava tanto com John quando o assunto era álcool: era um lado dele que nenhum de nós dois queria ver.

Sempre havia jovens atraentes ao pé da escada que dava para o covil dos Vampiros, esperando uma chance de tirar uma casquinha de algum astro do rock. Para ser franco, quando os rapazes desciam, geralmente na hora de fechar, a maioria estava bêbada demais para aproveitar a oportunidade. Perdi a conta das vezes que precisei carregar John para dentro de um táxi no estacionamento do bar.

Na maior parte das vezes, cumpri minha promessa para Yoko: mantive John em segurança. Só que, uma noite, passados três ou quatros meses do começo do "fim de semana perdido", percebi que as coisas estavam saindo do controle. John não costumava oferecer muita resistência quando eu o ajudava a descer as escadas do Rainbow; mesmo completamente bêbado, ele sabia quando a farra tinha acabado. Mas, naquela ocasião, ele resistiu. Não queria voltar para casa. Queria continuar bebendo, ainda que o bar estivesse fechando, os clientes cambaleando portas afora. Ele se desvencilhou de mim e andou direto até um grande grupo no estacionamento, um amontoado de gente tão embriagada quanto ele. Era uma situação incrivelmente perigosa, meu pior pesadelo, uma celebridade de porre perdida no meio de uma turba de bêbados.

Mergulhei na multidão à procura dele, abrindo caminho e buscando desesperadamente algum sinal de John, cada vez mais aflito. Por fim, eu o vi junto com Nilsson do outro lado do estacionamento, os dois entrando na traseira de uma limusine preta. Logo em seguida, a limusine foi embora, se perdendo na noite, sem que eu soubesse para onde ia.

John, percebi com um nó no estômago, estava escapulindo das minhas mãos.

DEZ
Los Angeles, 1974

— Você sabe quem é Phil Spector?
Era John quem estava perguntando. Alguns dias depois de desaparecer noite adentro com Harry Nilsson, ele tinha ressurgido com um telefonema ao meio-dia. Qualquer farra de que tivesse participado depois que o Rainbow fechou naquela noite não parecia ter causado estragos. Ele soava bem-humorado e relativamente sóbrio.

– Sim, conheço Phil Spector – respondi. – Eu o conheci antes de *você*.

Spector, obviamente, era o lendário produtor musical (e futuro assassino convicto; falo mais sobre isso depois) que trabalhou com os Beatles no último álbum do grupo, *Let It Be*, lançado em 1970, e depois coproduziria *Imagine*, de John. Mas conheci Spector em 1966, quando eu ainda era um radialista em início de carreira. O ator Sal Mineo, meu amigo desde que o entrevistei para a rádio universitária alguns anos antes (e que continuou sendo um bom amigo até ele próprio ser assassinado em 1976; mais sobre isso depois, também), nos apresentou no funeral de Lenny Bruce.

Se este livro fosse um filme, a imagem sofreria algumas ondulações agora, dissolvendo-se em um flashback. Você veria Sal e eu sentados juntos em uma das últimas fileiras no velório de Bruce no Eden Memorial Park, um cemitério judaico em Mission Hills, na Califórnia, onde o pioneiro comediante de stand-up seria enterrado após morrer de overdose de morfina aos 40 anos de idade. Não sei bem como Sal conhecia Lenny Bruce, embora suspeitasse que James Dean, que contracenara com ele em *Juventude transviada*, tivesse algo a ver com o fato, já que Dean e Bruce eram amigos. Enfim: havia apenas 15 pessoas presentes no velório de Bruce, incluindo Sal e eu, um fim patético considerando o ícone cultural que ele era.

Quem estava fazendo o elogio fúnebre era um baixinho de 26 anos, com cabelos pretos na altura dos ombros e olhar intenso, frenético. Aquele era Spector, que poucas semanas antes tinha produzido o que se tornaria o último álbum cômico de Bruce. Estava claro que Spector fora profundamente impactado pela morte dele: não só se encarregou de discursar no velório como também pagou a cerimônia do próprio bolso.

Ao final da cerimônia, Sal nos apresentou.

– Sou fã da sua música – elogiei.

Era verdade. Muitos dos sucessos que Spector tinha composto sozinho ou em parceria quando era apenas um adolescente – "To Know Him Is to Love Him", "Chapel of Love", "Da Doo Ron Ron"– tinham feito parte da trilha sonora da minha própria adolescência.

Spector apertou minha mão e olhou no fundo dos meus olhos, como se me avaliasse.

– Fico feliz por você estar aqui – disse, por fim. – Tenho certeza de que mais pessoas virão.

Infelizmente, ele estava enganado.

Depois do funeral de Bruce, Phil e eu formamos uma amizade improvável. Íamos com frequência ao Dino's Lodge, clube noturno de Dean Martin na Sunset Boulevard. Na época, o estabelecimento era famoso por servir de locação para a série de TV *77 Sunset Strip*. (Era ali que o personagem Kookie, interpretado por Edd Byrnes, trabalhava como manobrista.) Ou então eu ia de carro até a casa de Phil em Beverly Hills – uma de suas primeiras mansões – e passava horas ouvindo suas fascinantes e por vezes bizarras teorias da conspiração, incluindo uma em que, segundo ele, o governo fora responsável pela morte de Bruce.

Spector era, para dizer o mínimo, uma figura excêntrica, com tendência à paranoia e outros delírios. Sua casa era repleta de armas. Não havia uma mesa, um balcão ou qualquer outra superfície sem uma arma em cima. Mesmo fora de casa – por exemplo, quando jantávamos no Dino's Lodge –, ele sempre trazia uma pistola; dava para ver sua mão brincando com o coldre no ombro, debaixo do paletó, quando se sentia angustiado (o que era frequente). Por algum motivo, no entanto, eu tinha um jeito de acalmá-lo. Simplesmente pedia que ele olhasse nos meus olhos enquanto eu o tranquilizava, com a voz calma, dizendo que tudo ia ficar bem.

Sei que é estranho passar tantos anos na companhia de vários famosos. Nenhum deles chegava perto de me ocupar tanto quanto John e Yoko, mas houve muitos outros pairando no meu entorno. Além de Sal, Phil e meus amigos em Laurel Canyon – bem como os inúmeros entrevistados no meu programa de rádio –, eu ainda teria muitos relacionamentos com celebridades no futuro, de Paris Hilton a Baba Ram Dass.

Exatamente por que isso acontece comigo, não sei dizer. Nunca busquei me relacionar com pessoas famosas; elas simplesmente se aproximaram de mim. Eu mesmo não era famoso, mas, como apresentador de rádio, nadei nas mesmas águas da fama, o que me colocava em seu círculo. No entanto, o que elas tinham visto em mim para se aproximarem – uma conexão segura com o mundo civilizado, talvez, ou um tipo de afinidade desajustada – sempre foi um mistério. Nos meus momentos mais místicos, às vezes eu me perguntava se não estávamos todos unidos por um contrato akáshico, um "pacto espiritual" que tornava nossas amizades cosmicamente inevitáveis, fadadas a se repetirem em várias encarnações por toda a eternidade.

É claro que poderia ser apenas sorte, a mesma roda do destino que determinava tantas das reviravoltas em nossas vidas. Mas as conexões entre as pessoas que eu conhecia às vezes pareciam tão predestinadas – vez por outra, fatídicas – que exigiam uma explicação para além do mero acaso. Por exemplo, o fato de eu ser amigo de Phil era estranho por si só, mas o fato de eu também ser amigo íntimo – quase alma gêmea – da atriz Lana Clarkson... Phil atiraria nela em 2003 e seria condenado, em 2009, por matá-la em Castelo dos Pirineus, sua mansão em Alhambra... Bom, parece uma sincronia muito trágica para ser mera coincidência.

Agora a imagem está ondulada de novo, à medida que voltamos para o final de 1973, para John ao telefone comigo, me perguntando se eu sabia quem era Phil Spector. Ele me explicou que estava gravando um álbum de canções pop da década de 1950 com Spector em seu estúdio em Hollywood.

– Sempre quis fazer um disco desses, só com músicas antigas – revelou ele. – Eu gostava dessas canções quando era criança, antes mesmo de começar a compor as minhas próprias. Havia certa inocência, como "Ain't That a Shame". Sabia que essa foi a primeira música que eu aprendi a tocar?

– Não sabia, John.

– Foi. Minha mãe me ensinou a tocar no banjo antes de eu aprender a tocar guitarra. Quer dar um pulo no estúdio mais tarde? Estamos num lugar chamado A&M, na La Brea Avenue. Sabe qual é?

– Sim, é o antigo estúdio de Charlie Chaplin. A gente se vê lá.

As Spector Sessions, como ficariam conhecidas, estavam entre as *jams* mais célebres da história do rock. Acabei virando algumas noites naquelas orgias caóticas, regadas a álcool e drogas, às vezes na posição pouco invejável de ter que arrumar parte da bagunça. Eu não estava lá (graças a Deus) na famosa noite em que Spector disparou uma arma contra o teto, mas vi muitos outros incidentes angustiantes. É incrível que ninguém tenha se ferido seriamente. Ainda mais incrível é o fato de um álbum tão maravilhoso – *Rock'n'Roll* – ter saído de todo esse caos e depravação.

Se bem me lembro, as Spector Sessions não começaram de forma tão turbulenta. Na verdade, quando apareci na minha primeira visita, vindo direto da rádio depois que meu programa terminou às onze da noite, o clima no estúdio estava sonolento, embora também um pouco alcoolizado. Não havia quase nenhum segurança àquela hora – apenas um vigia noturno esparramado em uma cadeira no portão de entrada, lendo uma revista. John estava na sala de gravação, ansioso para que Spector terminasse de fazer os ajustes na mesa de controle e lhe desse o sinal para começar a cantar. Não fiquei muito surpreso ao ver Phil trajando um avental branco de açougueiro. Ele costumava vestir o que chamava de "disfarces". Perucas não eram incomuns. Ele gostava de se fantasiar.

Spector acenou para mim quando cruzamos olhares e gesticulou para que eu entrasse. Estava claramente meio bêbado.

– Bom ver você – falou ele com a voz arrastada. – Vamos começar a gravar umas faixas incríveis.

– Como John está?

– Ele é meio lento, mas vai entrar no ritmo.

John me viu na sala de gravação e me chamou com um gesto. Era óbvio que ele também estava um pouco alterado.

– Como está indo? – perguntei.

– Bem devagar, meu chapa – falou ele. – Esse sujeito faz tudo na velocidade dele. O açougueiro vem mantendo a gente aqui esperando há horas.

John me ofereceu um gole de uma garrafa de uísque que ele pareceu tirar do nada. Recusei com um gesto e encontrei um lugar confortável para esperar o início da gravação. E esperei. E esperei mais um pouco.

John não teve a chance de cantar uma só nota naquela noite. Depois de algumas horas mexendo na mesa de controle, Spector anunciou que ia encerrar o dia e saiu pela porta sem mais nem menos. John e os outros músicos se entreolharam, deram de ombros e começaram a sair para o estacionamento. Todo mundo estava bêbado, chapado ou ambos.

Quando voltamos algumas noites depois, o que vimos foi bem diferente. Como se uma chave tivesse sido virada, o estúdio sonolento de Spector agora vibrava de atividade. De repente, era a maior festa em Hollywood, um autêntico "acontecimento". Warren Beatty, Elton John, Cher, Joni Mitchell, David Geffen... Para onde quer que eu olhasse, via outra superestrela que tinha aparecido para ver John Lennon tocar. E, dessa vez, ele sem dúvida teve uma chance de cantar. Diante do microfone, John cantou uma versão tão comovente de "To Know Him Is to Love Him" que todos os presentes ficaram sem palavras. A voz de John soava tão intensa, com uma intimidade tão profunda com a letra, que parecia que a canção corria por suas veias.

Enquanto isso, Phil estava à mesa de controle usando o que parecia ser uma peruca loura, olhando radiante e embriagado para a plateia.

Mas os deuses do rock dão com uma mão e tiram com a outra. Duas noites depois, a chave tornou a virar, e a energia no estúdio de Phil passou de festiva a tóxica. Quando cheguei, encontrei John e Phil discutindo e xingando um ao outro enquanto os músicos de apoio olhavam furiosos para os dois. Tanto John quanto Phil estavam claramente bêbados; Phil mal se aguentava em pé. Alguns técnicos do estúdio ficaram fartos e abandonaram a sessão. Nada foi gravado naquela noite.

AS SESSÕES COSTUMAVAM TERMINAR pouco antes do raiar do dia, embora a atmosfera nociva parecesse seguir John como uma nuvem tóxica mesmo quando ele não estava no estúdio. Às vezes, eu levava um John quase inconsciente de volta para a casa de Lou Adler, praticamente carregando-o até a porta. Em uma ocasião memorável, no entanto, ele estava desperto o suficiente, então paramos para comer algo em um lugar que eu conhecia na Sunset. Era um bistrô aconchegante, com paredes revestidas de painéis de madeira, o Aware Inn, que nunca atraía muitos clientes de manhã cedo, o que fazia dele um local relativamente seguro. Além do mais, depois de virar a noite com Phil, John ficava quase irreconhecível.

Ele entrou no restaurante de óculos escuros, com a barba por fazer, desgrenhado e fedendo. Precisava desesperadamente de ar puro – para dissipar os vapores do álcool e os resquícios da cocaína –, por isso escolhi uma mesa no pátio externo. Eu me sentei de frente para Hollywood, caso houvesse paparazzi e fãs ávidos demais por perto. John ficou virado na direção de Beverly Hills, esparramado em sua cadeira de metal, as mãos meio trêmulas enquanto ele fumava um cigarro atrás do outro. Estávamos os dois grogues e calados.

Foi quando ela apareceu.

Era uma mulher negra estontante, alta e curvilínea. Carregava um portfólio debaixo do braço, o que sugeria que era uma modelo ou uma atriz começando cedo um dia cheio de audições.

– Com licença – falou baixinho, afastando um cacho de cabelo preto e longo dos seus olhos hipnotizantes, cor de esmeralda. – Desculpe interromper. Este é o meu número de telefone. Ligue quando quiser.

Ela deslizou um papelzinho para perto do prato de John. Então se virou como se estivesse em uma passarela e saiu gingando pela porta. John a observou por sobre os óculos escuros. Pegou o papel, deu uma olhada rápida e o atirou para mim. Eu o guardei no bolso, como costumava fazer quando esse tipo de coisa acontecia, o que era mais ou menos frequente, geralmente nunca mais tocando no assunto.

Foi por isso que, alguns dias depois, fiquei meio surpreso quando John mencionou a garota do bistrô em um dos nossos telefonemas.

– Lembra aquela mulher linda que me deu o número de telefone? – perguntou ele. – Você ainda tem o papel? Não vou gravar hoje à noite e pensei em ligar para ela.

– Eu guardo tudo que dão para você, John. É por isso que tenho bolsos tão grandes.

Verdade, eu realmente guardava cada papelzinho que entregavam a ele: bilhetes de estranhos oferecendo ideias para canções, cartas de fãs devotos dos Beatles, números de telefone de groupies – principalmente porque eu achava indelicado ignorá-los logo de cara. Eu costumava descartá-los apenas um ou dois dias depois. Não me lembrava de uma só vez que John tivesse me perguntado sobre algum desses papéis... até aquele momento.

Foi um pouco embaraçoso – afinal, John sabia que eu era o melhor amigo de Yoko –, mas procurei no paletó que eu tinha usado, recuperei o papel e li o nome e o número para John. Ele era adulto, estava separado da esposa, livre para fazer o que bem entendesse. Podia telefonar para quem quisesse.

Só que, na manhã seguinte, acordei sobressaltado com a luz vermelha piscando. Era John ao telefone, em pânico.

– O que está fazendo? – perguntou ele, sua voz áspera como uma lixa.
– Dormindo – respondi. – Precisa de alguma coisa?
– Preciso que venha para cá agora mesmo. Estou com um problema.
– Está em perigo?
– Estamos todos em perigo. Só vem de uma vez.

Ele me deu um endereço – não era a casa de Lou Adler – e a linha ficou muda.

Vesti a primeira roupa que encontrei e rezei para o Jaguar pegar sem problemas, o que, por milagre, aconteceu. Poucos minutos depois, estava em Beverly Hills, na entrada para carros de um pequeno hotel. Como John tinha ido parar ali para o seu encontro com a garota do bistrô eu nunca vou saber; ele não sabia fazer check-in, e tenho certeza de que May Pang não havia cuidado disso. Mas, quando cheguei à suíte, encontrei a atriz-modelo sentada no sofá, toda bonita em um robe de tecido felpudo. Acenamos um para o outro, e atravessei às pressas o corredor até o quarto, onde John estava sentado no colchão, seminu, com a cabeça entre as mãos.

– Se livra dela – ordenou ele, mal erguendo os olhos para mim.
– Como é?
– Elliot, quero que ela vá embora. Tira ela daqui.

Não fiquei nada contente com aquilo – limpar a sujeira de John nunca foi um papel que desejei –, porém, depois de conversar mais um pouco, voltei à sala de estar para ver se conseguia enxotar diplomaticamente a convidada noturna de John, que àquela altura já havia tirado o robe e estava vestindo suas roupas.

– Oi – cumprimentei. – Sou amigo do nosso amigo. A gente se conheceu no bistrô outro dia. Precisa de uma carona? Posso chamar um táxi para você?

– Não se preocupe, querido – comentou ela, enquanto jogava uma bolsa a tiracolo sobre o ombro estreito. – Já estou indo. Não vou criar problemas.

Não nos despedimos.

Voltei para o quarto, onde John fumava um cigarro.

– Ela já foi? – perguntou ele.

– Já – respondi, um pouco irritado. – Mas, John, saiba que foi bem desagradável. Por favor, não me peça nada parecido outra vez. Não faço esse tipo de coisa.

John me encarou, os olhos frios como gelo.

– Eu vou pedir que você faça qualquer merda que me der na telha – desdenhou ele, entre dentes. – Nunca me diga o que eu posso ou não dizer para você. Está me ouvindo?

Yoko havia me alertado que John podia ser uma pessoa bem diferente quando bebia – eu já tivera provas disso –, mas aquilo era novidade. Ele nunca tinha falado comigo daquela forma, nunca tinha apontado o feixe da sua raiva contra mim com tanta intensidade.

Saí do quarto, fechei as cortinas da sala de estar e fui embora. Assim que cheguei em casa, vi que a luz vermelha da linha direta estava piscando. Não sabia se era John ou Yoko, e naquele momento pouco me importava. Pela primeira vez, resolvi deixar tocar.

Ao longo da semana seguinte e mesmo depois, evitei ir às sessões de gravação e não falei nenhuma vez com John, nem ao telefone. Embora Yoko e eu continuássemos conversando regularmente, nunca lhe contei nada sobre a aventura de John com a garota do bistrô ou sobre quão mal ele havia me tratado. Não me sentia confortável guardando segredos dela, mas também não queria dedurar seu marido.

Yoko e eu falávamos sobre outros assuntos, como suas exposições e suas próprias apresentações musicais durante a longa ausência de John da vida dela. Ainda me lembro de um marcante telefonema noturno sobre (por incrível que pareça) mahjong.

– Conhece o jogo, Elliot? – perguntou ela.

– Sim, minha mãe costumava jogar. É tipo xadrez, mas com pecinhas de marfim.

– Não, não tem nada a ver com xadrez – disse ela. – Outro dia eu estava jogando com alguns amigos...

Tentei visualizar quem seriam esses amigos, lembrando-me do grupo de senhoras judias que jogavam mahjong com a minha mãe em nossa pequena sala de estar em Washington Heights. Achei difícil imaginar Yoko naquele contexto.

– ... e eu estava vencendo todas as partidas – prosseguiu ela. – Apostamos pequenas quantias, mas eu estava sempre ganhando.

– Não me parece tão mau – comentei, surpreso ao saber que Yoko tinha apostado dinheiro. Ela sempre me criticava pela minha propensão aos jogos de azar.

– Só que ninguém me pagou. Todos foram embora sem me dar um tostão.

– Era muito dinheiro?

– Não, mas é uma questão de princípios, Elliot. É a mesma coisa com presentes. Você sabe como eu adoro dar presentes, não sabe?

– Sim – respondi, pensando em todos os presentes maravilhosos que ela e John me deram desde que havíamos nos conhecido, incluindo obras de arte que os dois criaram juntos como presentes de aniversário e às quais eu tinha me afeiçoado.

– Eu não recebo presentes. As pessoas nunca me dão nada. Apenas supõem que não há nada que eu gostaria de ter que não possa comprar eu mesma, então nem mesmo se dão ao trabalho.

– John lhe dá muitos presentes – ressaltei, tentando animá-la.

– Bom, John não está aqui agora, está?

Não, definitivamente não estava. Na verdade, onde John estava naquele exato momento – e o que estava fazendo – logo se tornaria dolorosamente claro para mim. Pouco depois de Yoko desligar, o telefone voltou a tocar, o que me fez sair correndo no meio da noite até a casa de Lou Adler, onde eu encontraria uma versão de John que mal reconheci. Estava prestes a testemunhar o auge do "fim de semana perdido" de John: o fundo do poço.

A chamada foi feita para o meu número pessoal, e a voz do outro lado da linha se identificou como um segurança que trabalhava para Phil Spector. John tinha se metido em problemas: será que eu poderia ir o mais rápido possível à casa de Adler para ajudar a "acalmá-lo"?

O que vi ao chegar à sala de Adler cerca de 20 minutos depois parecia uma cena de O *Exorcista*. Bêbado e com um olhar alucinado, John estava preso a uma cadeira de espaldar alto, os braços e as pernas amarrados com cordas das quais ele tentava se libertar com todas as forças, enquanto fervia de raiva e gritava obscenidades para seus captores, uma dupla de guarda-costas musculosos que estavam parados ali, calados e constrangidos. O lugar estava devastado. John havia arrancado das paredes e despedaçado alguns dos discos de ouro emoldurados de Adler. E eram muitos: Adler tinha sido agente de Carole King, The Mamas and the Papas, Neil Young, Cass Elliot, Cheech & Chong e Sam Cooke, entre vários outros. Lascas de madeira e cacos de acrílico espalhavam-se pelo chão.

Eu não tinha ideia de onde May Pang podia estar. Não vi nem sinal dela.

Pelo que ouvi dos seguranças, o ataque de fúria havia começado mais cedo naquela noite no estúdio, onde John e Phil quase chegaram às vias de fato. Sobre o que precisamente eles estavam discutindo ninguém parecia lembrar. Mas a sessão terminou cedo, com os guarda-costas de Phil contendo John e levando-o para a casa de Adler, onde John escapou deles por tempo suficiente para pegar uma espécie de bengala ou muleta, que brandiu alucinadamente pela sala até os seguranças o amarrarem à cadeira.

Hesitei antes de me aproximar devagar, mantendo uma distância segura, analisando-o de cima a baixo em busca de cortes, hematomas ou ferimentos que pudessem exigir atenção médica. Ele tinha parado de gritar. Sua cabeça pendia dos ombros, o rosto voltado para o chão, seu peito arquejando furiosamente, como se tivesse dificuldade em recuperar o fôlego. Depois de uma longa espera, ergueu os olhos para mim. Parecia possuído.

– Você! – rosnou ele. – O que está fazendo aqui?

– John, você está bem? – perguntei em tom suave, pisando em ovos.

– Me desamarra! – explodiu ele. – Me desamarra agora, seu...

Foi então que John soltou um insulto tão cruel e ofensivo – tão obviamente alimentado por sua ira embriagada – que nem tenho coragem de reproduzir aqui.

Ninguém, na minha vida inteira, tinha falado comigo daquela forma, muito menos alguém que eu considerava um amigo querido. Não conseguia acreditar que aquele era o mesmo homem que tinha escrito e cantado de forma tão poderosa sobre paz, amor e empatia. Olhei dentro dos olhos dele, mal contendo minha repulsa e decepção. Ele devolveu o olhar. A troca de olhares pareceu resgatar algum resquício de humanidade enterrada no fundo do cérebro intoxicado pelo álcool de John. De repente, ele ficou muito, muito quieto. Fosse qual fosse a febre que ardia em sua alma atormentada, pareceu finalmente abrandar.

Aguardei mais um pouco, então me virei para os guardas.

– Acho que podem desamarrá-lo – comentei. – Parece que já passou.

Eles se entreolharam, sem saber ao certo o que fazer.

– Tem certeza, Sr. Mintz?

Assenti, e os dois começaram a desatar as cordas. John se levantou, esfregou os pulsos e, em silêncio, atravessou o corredor até o quarto, onde deve ter desabado no colchão e desmaiado.

No dia seguinte, eu estava me preparando para ir ao trabalho quando a luz da linha direta começou a piscar. Pensei em ignorar a chamada – estava exausto, mal tinha dormido, sem conseguir tirar da cabeça os insultos terríveis de John –, mas, no fim das contas, por algum motivo, decidi atender.

– Ellie?

– Sim, John.

– Desculpe pelo que eu disse ontem.

– Aham.

– Mas, pensando bem, se aquela foi a pior coisa que eu pude dizer sobre você, até que você não é tão ruim, certo?

– Obrigado pelo elogio.

– Ora, bem-vindo ao mundo real, Virgem Maria. Eu sou eu. Tenho uma boca grande e falo o que sinto na hora em que sinto. Não me escondo atrás de um microfone. Canto ou falo sobre o que quero quando me convém. Não sou sempre o cara de "Imagine", "Jealous Guy" ou "Walrus". Já pedi desculpas. É tudo que posso fazer.

Ele esperou pela minha resposta.

– Vamos sair para jantar? – convidou ele quando me mantive em silêncio.

– Não – respondi –, vou tirar a noite de folga.

E então, pela primeira vez, fui eu que desliguei o telefone sem nem dizer tchau.

ONZE
Los Angeles e Nova York, 1974

Muitas coisas terminaram depois daquela noite terrível. As Spector Sessions foram interrompidas bruscamente. Logo que os boatos sobre Phil ter atirado para o alto se espalharam, o projeto naufragou, e Phil fez o tipo de coisa que só ele pensaria em fazer: fugiu com as fitas contendo as gravações originais e as manteve reféns em sua casa. A gravadora poderia tê-las recuperado, mas, poucos meses depois, Phil se envolveu em um acidente de carro e entrou em coma. Ou pelo menos foi o que ele contou. Alguns acreditavam que o coma era apenas mais um de seus golpes.

Outros contratempos – como um processo movido por um magnata do meio musical, supostamente envolvido com a máfia, que de alguma maneira conseguiu entrar para o projeto – levaram a gravadora a engavetar o álbum indefinidamente. Levaria mais de um ano para que todas as arestas fossem aparadas e *Rock'n'Roll* fosse finalmente lançado.

Enquanto isso, a estadia de John na casa de Lou Adler chegou ao fim de forma abrupta, o que sem dúvida devia ter relação com todos aqueles discos de ouro que John tinha arrancado das paredes e espatifado no chão.

Ele e May passaram a se hospedar aqui e ali, incluindo uma casa de um dos advogados de John. Acabaram se mudando para uma mansão com cerca de 500 metros quadrados de frente para a praia em Santa Mônica, construída em 1926 por ninguém menos que Louis B. Mayer, um ícone de Hollywood e cofundador dos estúdios da MGM. Ainda mais impressionante para John, entretanto, era o fato de que, por um curto período no início da década de 1960, a casa tinha pertencido a Peter Lawford. Ele a transformara no playground do Rat Pack – o grupo de artistas formado por Frank Sinatra, Sammy Davis Jr., Dean Martin, Joey Bishop e o próprio Peter Lawford – e dava ali festas de arromba, trazendo dançarinas de Las Vegas para entreter seus amigos, um dos quais era o então presidente dos Estados Unidos.

John era fascinado por JFK. Um pouco como Phil, ele adorava teorias da conspiração; certa vez, depois de ouvir um programa especial que eu apresentara na rádio sobre várias especulações relacionadas ao assassinato, John tentou me convencer de que tinha solucionado o mistério sozinho. Ele estudara as evidências e concluíra que o motorista da limusine presidencial era o culpado, virando-se para trás e disparando na cabeça de Kennedy com uma pistola. Não importava a montanha de indícios em contrário – a começar pelo filme de Zapruder, em que não se vê nada disso acontecendo –, John estava plenamente convencido de que tinha resolvido o caso.

Obviamente, nossa amizade ficou abalada depois do incidente na casa de Adler. Como poderia ser diferente? Nos meses seguintes, John e eu mal passamos tempo juntos – pelo menos, não pessoalmente. Ainda nos falávamos quase todos os dias ao telefone, como sempre, e com o tempo nossa conversa voltou a ficar desenvolta e natural. Mas não o visitei na casa de praia e não o acompanhava à noite no Troubadour ou no Rainbow.

Em parte – além da mágoa que precisava de tempo para passar –, eu também estava excepcionalmente atarefado na época. Precisava cuidar dos meus programas de TV e de rádio, cujo fluxo constante de entrevistados me manteve ocupado durante todo aquele período. (Além de ser o entrevistador, eu fazia as marcações e as pesquisas.) Conversei com Raquel Welch (que me convidou à sua casa em Beverly Hills), James Coburn (que demonstrou como usar um gongo para meditar), Allen Ginsberg (que tocou o órgão de fole) e Jack Nicholson (com quem eu fizera amizade durante o julgamento de Charles Manson; ele chegou a me acompanhar ao tribunal um dia, quando eu estava cobrindo o caso para uma rádio).

Fiz também uma entrevista particularmente fascinante com um certo hipnotizador famoso, que eu mais tarde apresentaria a John para ajudá-lo a dar a volta por cima e superar aquela fase. A especialidade dele era hipnoterapia de regressão, algo que fez comigo durante o meu programa. Na verdade, ele não só fez o tempo voltar para a minha adolescência (minha voz literalmente mudou enquanto estávamos no ar) como fomos ainda mais longe no passado, até uma vida anterior no século XIX, quando eu aparentemente fui um mineiro em Minnesota. Sei que parece improvável, mas até hoje parte de mim acredita que eu sou a reencarnação de um minerador chamado Stephen Dworman, que morreu em um acidente trágico em uma mina.

Nesse meio-tempo, John saíra do caos das Spector Sessions para produzir um álbum de forma um pouco menos louca com seu amigo Harry Nilsson. O álbum se chamava *Pussy Cats* – Nilsson queria chamá-lo primeiro de *Strange Pussies*, mas a gravadora se recusou terminantemente. Embora as sessões de gravação em Burbank na primavera de 1974 nunca tivessem chegado aos pés das de Phil em termos de depravação, elas também foram bastante turbulentas. John ainda estava bebendo pesado e cheirando cocaína na época, e Nilsson era tudo menos careta.

O fato mais notável das sessões de gravação de *Pussy Cats* foi quem mais estava no estúdio. Ringo Starr, o único beatle a se manter sempre próximo de John e Yoko depois do fim da banda, por acaso estava em Los Angeles e assumiu a bateria. Quando ele não estava disponível, era substituído por Keith Moon, baterista do The Who, que também tocou uma caixa de percussão chinesa em uma das faixas. Houve mais um momento histórico que nunca chegou a entrar no álbum de Nilsson. Certo dia, outro ex-beatle apareceu de surpresa no estúdio e até cantou com John, a primeira vez que os dois tocaram juntos desde a separação do grupo.

Ninguém menos que Paul McCartney.

Nem sei dizer quantas conversas tive com John sobre Paul ao longo dos anos. Pelo menos dezenas, provavelmente muito mais. Os sentimentos de John sobre seu ex-colega de banda eram tão complexos quanto vastos, mudando não só de um ano para o outro, mas a cada minuto. Juntamente com Yoko, Paul era o relacionamento mais importante da vida de John. Eles haviam crescido juntos, tiveram uma banda na adolescência antes de os Beatles sequer existirem e então se viram no olho do furacão do maior fenômeno cultural popular de todos os tempos. Essa foi uma experiência singular que uniu os quatro beatles para toda a vida, mas especialmente John e Paul, os vocalistas do grupo.

– Eu amava Paul – revelou John para mim. – Ele era meu irmão. Ainda me lembro do começo, quando a gente nem se chamava Beatles, nós dois no banco de trás da van, indo fazer shows um atrás do outro. Daí, quando nos demos conta, estávamos numa limusine, saindo do aeroporto para o Plaza Hotel no dia em que os Beatles aterrissaram nos Estados Unidos. Você nem imagina como foi emocionante pra gente estar juntos naquele momento. Antes mesmo da apresentação no *The Ed Sullivan Show*, a gente já sabia que tinha dado certo. A gente sabia que tinha conquistado os Estados Unidos.

Ele prosseguiu:

– Quando cantávamos juntos, Paul e eu dividíamos o mesmo microfone. Eu poderia dar um beijo nele, de tão perto que ficávamos. Na época, eu não usava óculos no palco. Brian Epstein dizia que eles me deixavam com cara de velho. Então lá estava eu, fazendo aqueles shows diante de milhares de pessoas, mas a única coisa que conseguia enxergar era o rosto de Paul. Ele estava sempre ali do meu lado. Eu sentia a presença dele a cada momento. É disso que eu mais me lembro daqueles shows.

Em outra ocasião disse ainda:

– Paul e eu tivemos nossas discordâncias desde o início, divergências criativas, mas sempre as superávamos. Então eu conheci Yoko e nós nos apaixonamos. Quando a convidei para o estúdio em que estávamos gravando *Let It Be*, nenhum deles reagiu muito bem. Era um clube exclusivo para meninos, nenhuma mulher podia entrar na sala de gravação. Mas Paul pareceu ser o mais hostil em relação a Yoko, e parte de mim achou que era por ciúmes. Porque até ali ele tinha toda a minha atenção, todo o meu amor quando estávamos gravando. E agora havia outra pessoa. Agora havia Yoko.

Nos anos que se seguiram à separação dos Beatles, John e Paul às vezes brigavam publicamente, disparando um contra o outro da maneira mais pessoal que conheciam: por meio da música. Paul atacou John em *Ram*, seu álbum de 1971, em uma faixa chamada "Too Many People", que dizia: "*You took your lucky break and broke it in two*" (Você pegou sua sorte grande e a partiu ao meio). Poucas semanas depois, John gravou sua resposta mordaz na forma da canção "How Do You Sleep?", com o verso "*The only thing you done was yesterday*" (A única coisa que você fez foi "Yesterday"), que acabou entrando para o álbum *Imagine*. Mesmo quando eles faziam as pazes, era por meio da música. Em dezembro de 1971, Paul estendeu uma oferta de paz no álbum *Wild Life*, dos Wings, com uma canção sobre John chamada gentilmente "Dear Friend" (Querido amigo).

Mas dessa vez, em 28 de março de 1974, John e Paul estavam se encontrando pessoalmente, pela primeira vez em muito tempo, em um estúdio de gravação em Burbank. Eu não estava presente, mas fiquei sabendo mais tarde que Paul e sua esposa, Linda, tinham aparecido de surpresa, com Stevie Wonder a tiracolo. Segundo testemunhas, John e Paul pareciam ter retomado sua amizade como se fossem adolescentes de novo, saindo daquela van para fazer mais um show. Quando John me contou mais tarde, perguntei como ele se sentiu ao tocar com seu velho parceiro. Ele deu uma resposta meio indiferente:

– Todos eles ficaram nos observando, pensando que algo grande estava prestes a acontecer. Para mim, eu só estava tocando com o Paul.

Mas as pessoas ficaram fascinadas pelo simples fato de os dois estarem juntos no mesmo ambiente, como se pudesse ser o começo de uma retomada da banda. Eu sabia que era melhor não fazer perguntas sobre o assunto: não era algo que eu perguntaria a John como amigo, fora de um contexto profissional.

A minissessão dos dois juntos nunca foi lançada por uma gravadora, mas gravações disso surgiram em um álbum não oficial chamado *A Toot and a Snore in '74*. Para ser franco, John e Paul não estão em sua melhor forma – em uma das faixas, dá para ouvir John oferecendo uma carreira de cocaína a Stevie Wonder –, mas ainda é um tanto comovente ouvir aquelas duas vozes inimitáveis cantando em harmonia outra vez.

O que John não sabia sobre aquele encontro surpresa, no entanto, era que, de acordo com Yoko, Paul tinha um propósito oculto para a visita. Alguns dias antes, ela me ligara para explicar as maquinações por trás daquilo.

Yoko me contou que tinha conversado com Paul, que se ofereceu para falar com John.

– É muito generoso – respondi. – Como você reagiu à oferta?

– Achei que foi muito gentil. Fiquei muito agradecida. Mas deixei bem claro para Paul que não era algo que eu estava pedindo que ele fizesse. Teria que ser ideia de Paul, não minha, algo que ele faria por conta própria.

Na opinião de Yoko, John não merecia nenhum esforço de reaproximação por parte dela. Se ele quisesse voltar, teria que tomar a iniciativa. Precisaria estar limpo, sóbrio e provar que estava pronto.

Para mim, não havia dúvida de que John queria desesperadamente voltar para Yoko. Sim, ele estava morando com May. Sim, ele sentia algo pela jovem assistente. Mesmo assim, em algum momento de quase todos os telefonemas que tive com ele durante os longos meses do "fim de semana perdido", John acabava sempre me implorando para falar com Yoko em seu nome.

– Fala pra Mãe que estou pronto para voltar para casa, Ellie. Diz pra ela que eu mudei.

– Acho que ela não quer ouvir isso de mim – eu argumentava. – Ela quer que você demonstre.

Eu soube mais tarde que Paul dera a John um conselho parecido. Em algum momento depois de aparecer no estúdio em Burbank, ele se sentou com John e explicou, passo a passo, o que deveria fazer para reconquistar Yoko. Falou que ele precisava cortejá-la como quando eles tinham se conhecido: chamá-la para sair, oferecer flores e presentes. Ele precisaria se redimir e mostrar para Yoko que era um homem íntegro, são e capaz de reconstruir o casamento. Resumindo, precisava convencer Yoko que valia a pena aceitá-lo de volta.

É impossível dizer se o sermão de Paul foi o empurrão que faltava ou se John experimentou alguma outra epifania naquela época, mas nos meses seguintes ele de fato começou a se redimir. No verão de 1974, começou a trabalhar no seu álbum seguinte, *Walls and Bridges*, voando com frequência para Nova York para ensaiar e gravar no estúdio Record Plant, na Rua 44 Oeste. Os relatos indicam que essas sessões foram bastante profissionais, com John aparecendo sóbrio todos os dias.

Então, com o trabalho no álbum terminando, John tomou uma decisão crucial: resolveu não esperar mais que Yoko o convidasse a voltar para Nova York. Mais para o fim do verão, ele e May alugaram um apartamento para os dois no Upper East Side. Era pequeno, porém aconchegante, com uma varanda que contornava toda sua extensão, proporcionando uma vista espetacular do East River. Foi daquela varanda, pouco depois de se mudar para lá, que John viu o que acreditou ser um OVNI. Sei disso porque ele me ligou na mesma hora e pediu que eu descobrisse se mais alguém no Upper East Side tinha visto um disco voador com luzes piscantes zunindo no horizonte de Manhattan. (De fato, mais pessoas tinham visto aquilo, pelo menos segundo o sargento de plantão em uma delegacia nova-iorquina, que teve a bondade de atender à minha chamada.)

UMA OU DUAS SEMANAS DEPOIS, peguei um avião para Nova York para gravar algumas entrevistas e aproveitei para visitar John e May em seu novo apartamento – meu primeiro encontro cara a cara com John desde o episódio deplorável na casa de Adler. Foi uma ocasião embaraçosa por vários motivos. Para começar, eu tinha acabado de passar a tarde com Yoko no Dakota, a uns vinte quarteirões dali. Pegar um táxi para encontrar John e May do outro lado da cidade parecia o equivalente a uma traição.

Para piorar, eu não conseguia ignorar o fato de que eu gostava de May. Ela era inteligente, agradável e, em muitos sentidos, boa para John. Não bebia, não fumava, não usava drogas, o que era uma grande vantagem, ainda mais com John tentando ficar limpo. Ela nitidamente se empenhava bastante em tomar conta dele, o que não era nada fácil. John sempre precisou muito desse cuidado. O mais importante foi que ela orquestrou uma reconciliação entre John e seu filho, Julian, até então afastado, convidando o garoto, na época com 11 anos, a passar um tempo com o pai. Por esse simples motivo, dou muito crédito a ela.

Conheci Julian quando John e May estavam morando em Los Angeles. Era uma manhã de neblina em Laurel Canyon, e acordei com um homem gritando do lado de fora da minha janela. Reconheci a voz de John. Ele disse:

– Acorda, quero que você conheça meu filho!

Julian devia ter uns 10 anos. Era um menino muito tímido, e, de alguma forma, eu tive a sensação de que Julian e John tinham virado a noite juntos. John estava entusiasmado.

– Ellie, ponha uma roupa e venha conosco para a Disneylândia.

Eram sete da manhã: àquela hora, eu simplesmente não estava pronto para a Disneylândia.

– John, por que não vão você e Julian para lá? Quando saírem, voltem aqui e podemos almoçar todos juntos.

Eles ficaram na minha casa por alguns minutos antes de ir para o parque em Anaheim. Julian se interessou por um telescópio que eu tinha na sala de estar. Observou pela lente, brincando, sem falar quase nada. Com certeza estava em uma situação incrivelmente constrangedora: conhecendo um adulto que nunca tinha visto na vida e se perguntando o que estava fazendo ali.

Eu não o veria nem falaria com ele novamente até dezembro de 1980.

NAS VEZES EM QUE FIQUEI sozinho com John e May, eu nunca me senti à vontade. Talvez por notar minha apreensão, May me dava bastante espaço, saindo para fazer telefonemas no quarto enquanto John e eu ficávamos juntos na varanda, botando o assunto em dia.

– Você fica desconfortável? – perguntou John depois de hesitar um instante.

– Por estar aqui com você e May? Sim, um pouco – admiti. – Me faz lembrar que você e a Mãe ainda estão separados, o que me deixa triste.

– Bom, é assim que a Mãe quer. Pelo menos por enquanto.

Então, inesperadamente, ele passou o braço pelos meus ombros e acrescentou:

– Não fique tão triste, meu chapa. Põe seu sorriso de locutor de rádio na cara. Não há nenhum lugar onde você possa estar que não seja onde você deveria estar.

Essa foi uma das poucas vezes que ele citou para mim um verso de uma canção dos Beatles, no caso "All You Need Is Love".

Walls and Bridges foi lançado cerca de um mês depois, no final de setembro de 1974. John me enviou uma versão de pré-lançamento autografada ("Para o meu pequeno amante dos sonhos no gelo, com amor e pianos antigos", escreveu ele, em referência a "Dream Lover", um hit de Bobby Darin que eu adorava), e eu fiquei de queixo caído. Achei que o disco continha alguns dos melhores trabalhos solo de John até o momento. E não fui o único.

Elton John tinha se juntado a John nos teclados para uma das faixas do álbum, e estava convencido de que a canção seria um sucesso. John não tinha tanta certeza – ao contrário de Paul, ele nunca conseguira alcançar o topo das paradas sem os Beatles –, mas Elton estava tão convencido que fez uma aposta. Se ele tivesse razão e a canção estourasse, John teria que subir ao palco no show que Elton faria em breve no Madison Square Garden. John concordou, sem nunca imaginar que precisaria cumprir a promessa.

Claro, Elton acertou na mosca: "Whatever Gets You Thru the Night" se tornou um grande sucesso, o primeiro single solo de John a chegar ao topo das paradas.

Sei que May tem sua própria versão de como a canção foi escrita: segundo ela, John ouviu o verso-título enquanto assistia a um pastor de TV apocalíptico chamado reverendo Ike, que aparentemente proclamou essas palavras em um de seus sermões tarde da noite. É possível. Como contei anteriormente, John gostava de assistir a cultos na TV, embora aquele pastor em específico não parecesse fazer seu estilo. O reverendo Ike pregava de modo insistente que o dinheiro levava a Deus, que Jesus queria que seus seguidores ficassem ricos. Eu não conseguia ver John com paciência para isso.

Já eu tinha minha própria versão e envolvia a intervenção de um poder que superava até o do reverendo Ike: Frank Sinatra.

John e eu costumávamos bater de frente quando o assunto era religião. Ele, é claro, se dizia um descrente, enquanto eu tinha uma conexão mais espiritual com o divino. Porém, durante uma de nossas longas discussões ao telefone sobre o tema – mais ou menos na época em que John estava preparando *Walls and Bridges* –, por acaso me lembrei de uma famosa entrevista de Sinatra para a revista *Playboy*, no início da década de 1960. Em determinado momento, a *Playboy* pergunta a Sinatra se ele era um homem religioso. A resposta foi inesquecível, então a compartilhei.

– Sabe o que Frank Sinatra acha da religião? – perguntei a John.

– Não presto muita atenção no que Frank Sinatra diz – respondeu John com desdém.

– Ele acha que as pessoas deveriam seguir a religião que quisessem. Deveriam rezar para o deus que quisessem. Ele disse: "Sou a favor de qualquer coisa que ajude você a atravessar a noite, quer seja uma oração, tranquilizantes ou uma garrafa de uísque."

Quase pude ouvir John balbuciando as palavras de Sinatra para si mesmo.

– Gostei disso – comentou ele em voz alta, por fim. – É, gostei bastante disso.

O que quer que tenha inspirado John a compor a canção – Sinatra, o reverendo Ike ou ambos –, sua ascensão ao topo das paradas foi um ponto de inflexão. Havia tempos que John invejava o sucesso de Paul após os Beatles – e não apenas de Paul, como também de George. (Harrison tinha sido o primeiro deles a emplacar um sucesso solo, "My Sweet Lord", em 1970.) Agora, com "Whatever Gets You Thru the Night", ele tinha provado ao mundo – e, mais importante, a si mesmo – que também podia compor um hit próprio. Isso o fez voltar a andar de cabeça erguida, dando-lhe um sentimento renovado de confiança e fé no futuro.

Também significava que ele devia a Elton John uma participação em seu show. E foi lá, em novembro de 1974, no palco do Madison Square Garden, diante de milhares de fãs, que o "fim de semana perdido" de John finalmente começou a dar sinais de que chegaria ao fim.

OS DETALHES DO QUE EXATAMENTE aconteceu nos bastidores daquela noite continuam envolvidos em certo mistério até hoje, cinquenta anos depois. O que se sabe é que Yoko, convidada pelo agente de Elton, estava na plateia. Talvez soubesse que John faria uma participação: boatos vinham circulando havia dias. Mas ela certamente não poderia estar preparada para a reação ao redor quando Elton anunciou, depois da metade do show, que chamaria John Lennon ao palco para sua primeira performance pública em dois anos. A multidão ficou enlouquecida; as estruturas literalmente tremeram. Quando John e Elton tocaram "Whatever Gets You Thru the Night", seguida por "Lucy in the Sky with Diamonds" e "I Saw Her Standing There," parecia que a arena estava prestes a explodir.

Depois do show, o agente de Elton avisou a Yoko que o músico gostaria de vê-la no camarim. Queria cumprimentá-la antes que ela fosse embora. Yoko concordou, naturalmente, e foi conduzida aos bastidores até um cômodo com uma estrela na porta. Ela bateu, a porta se abriu, e lá dentro estava seu marido, sozinho.

Não sei dizer o que aconteceu depois que a porta do camarim se fechou atrás deles. Apenas Yoko sabe, e nunca compartilhou comigo nenhum detalhe. O que posso afirmar é que, nas semanas e nos meses que se seguiram, houve muitos outros encontros, à medida que Yoko e John faziam as pazes. Talvez John tenha seguido o conselho de Paul e cortejado sua esposa novamente, com flores, jantares e presentes, embora continuasse morando com May no apartamento do East Side.

Segundo May, John tinha sido hipnotizado para terminar seu relacionamento com ela. Ela defendia havia tempos que Yoko contratara um hipnotizador para ajudar John a parar de fumar, mas que tudo não passava de uma lavagem cerebral para que ele rompesse com May e voltasse para Yoko. Até hoje, muitos acreditam nessa história. Mas sei que não é verdade. Porque, na realidade, fui *eu* que contratei o hipnotizador – Yoko não teve nada a ver com isso.

John lembrou que eu havia entrevistado um hipnotizador no meu programa de rádio – tínhamos conversado sobre isso algumas vezes ao telefone – e me perguntou se o sujeito poderia ajudá-lo a largar a nicotina. Eu liguei para o hipnotizador, providenciei um voo para ele até Nova York, reservei um quarto em um hotel em Midtown e marquei uma consulta para John. Em quase todos os sentidos, no entanto, a hipnose foi um fracasso total. John me contou logo depois da sessão que nunca chegou a entrar em transe; o hipnotizador afirmou que John entrou, sim, só não se lembrava. O hipnotizador também se revelou uma diva. Ele odiou o hotel – achou os atendentes grosseiros –, fez check-out no dia seguinte e pegou um voo de volta para Los Angeles, bufando de raiva.

John não parou de fumar nem por um minuto, então é difícil imaginar que o hipnotizador tenha conseguido fazer qualquer outro tipo de lavagem cerebral nele – como, por exemplo, largar uma amante. Ainda assim, no dia seguinte John de fato rompeu com May e voltou para o Dakota, retomando seu casamento com Yoko e colocando fim no longo inverno que fora seu "fim de semana perdido". Ele me telefonou pouco depois para dar a boa notícia.

– Pode falar para a imprensa que a separação não deu certo.

1973:
John e Yoko fizeram esta colagem por ocasião de um aniversário meu.
Ela representa diferentes partes de mim e do nosso relacionamento.
Foi o primeiro presente que eles me deram.
Cortesia do autor

```
                                              i west 72 nynynyny
                                              wed jewn 73.
dear elliot,
            as you can see.I'm learning to type.you ars receiving a letter.
I am writing it.That makes two of us.anyway que pasa ?as they say in
prison.I see SAL did it again!we might be down your way soon for the
dykes balls.meaning yoko id going to prison.(to perform )aI will be s
upporting her like a bra,(but not as a master musiker),meanimg I.ll
be hanging around looking serious with me portapak video which reveals
ALL.(beware the lennon)I wonder if one has freudian slips on a typewriter?
Iwonder if one has freudian lips on an afghan hound?all thede questiond
and more will be answered a somertime in the future.(which is judt around
the corner.)
       Yoko has just woken up.someone has stopped practising in
ca central park.these two things happened at the same time.upi.you will
inf undwer stand the deeper meaning behind thedsw two appwarantly yyu
unrelated occurances,.The massage is simple,
              que sera aaaa"!
                    yoxxxinterendxx
                    your interesting friend,
                         j.f .lennonononono.
                             (jog)john.

ps. im having a ps. because i'm enjoying himself.;
nb.i'mlooking over the l park.pweople aerd rowing,trees aeare greening.
for me am muy gal.
```

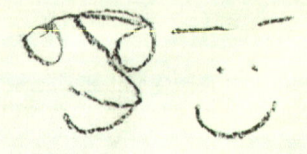

Junho de 1973:
John estava aprendendo a datilografar (não muito bem) quando me enviou esta carta. Ao longo dos anos, ele me mandou mais de uma centena de cartas e cartões divertidos.
Cortesia do autor

c. 1975:
John e eu em um passeio de barco pelo litoral de Nova York.
Tendo crescido em uma cidade portuária, John adorava o mar. Estava em seu elemento nesse dia.
Cortesia do autor

c. 1975:
John e eu na sala de estar do apartamento no edifício Dakota, improvisando no piano Steinway branco (o mesmo que aparece no famoso videoclipe de "Imagine").
Cortesia do autor

Outubro de 1978:
John em uma dupla festa de aniversário no Tavern on the Green, em Nova York: ele comemorava 38 anos, enquanto seu filho Sean completava 3.
Fotografia de Nishi F. Saimaru, cortesia da fotógrafa e do autor.

Dezembro de 1979:
A noite de abertura (e encerramento) do Club Dakota, o clube extremamente privativo de John (tinha apenas três membros) no sétimo andar do prédio homônimo. Esta talvez seja a lembrança mais mágica que tenho do tempo que passamos juntos.
Cortesia do autor

1980:
John e eu no estúdio The Hit Factory em Nova York, onde ele e Yoko gravaram o que seria o último álbum de estúdio da vida dele, *Double Fantasy*.
Fotografia de Bob Gruen

1980:
Trabalhando duro nas sessões de *Double Fantasy*. A caixa de metal sobre a mesa de som estava cheia dos biscoitos preferidos de John.
Cortesia do autor

1980:
Yoko, John e eu no estúdio.
Cortesia do autor

1984:
Com Julian, Yoko, Sean e um dos guarda-costas de Yoko na inauguração da área batizada de Strawberry Fields, no Central Park.
Fotografia de Allan Tannenbaum/Getty Images

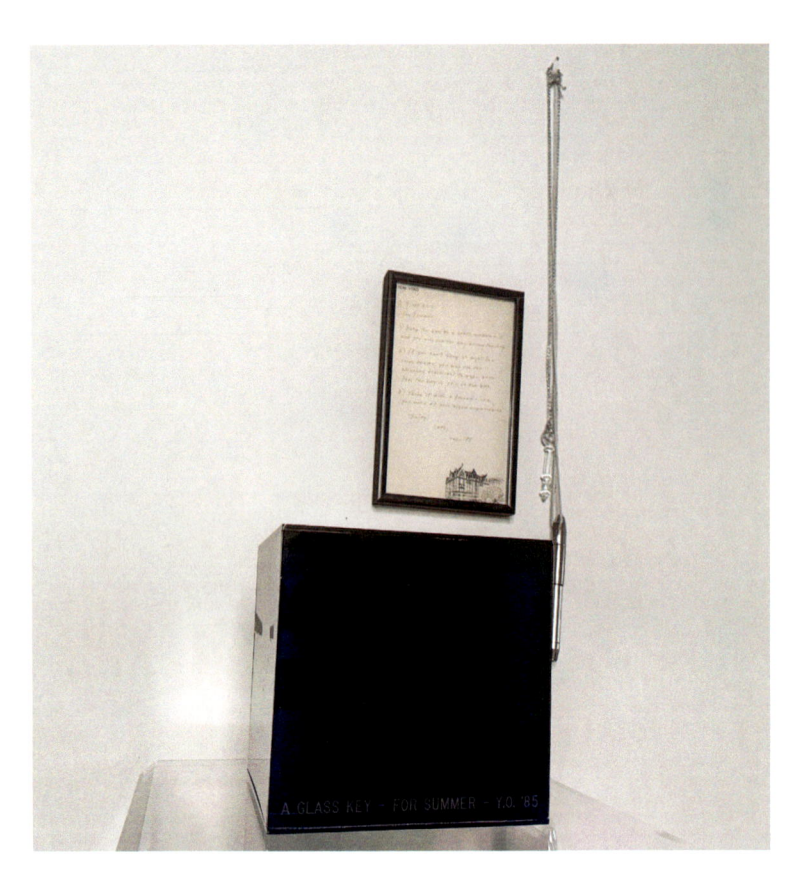

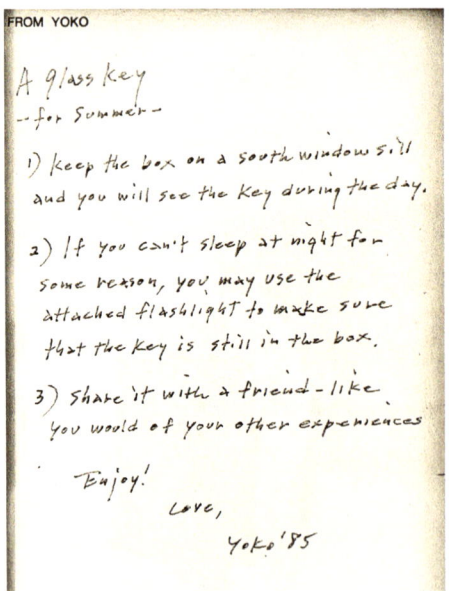

1985:
Yoko criou uma série de quatro caixas para esta obra, uma para cada estação do ano, e teve a delicadeza de me presentear com a que representa o verão. A caixa continha uma chave de vidro, uma lanterna e instruções sobre como interagir com a obra.

Quando a chave original se quebrou durante o terremoto de Northridge, em 1994, Yoko imediatamente me enviou outra para substituí-la. A chave nova está pendurada ao lado da caixa.

Cortesia do autor

PARTE QUATRO

DOUBLE FANTASY

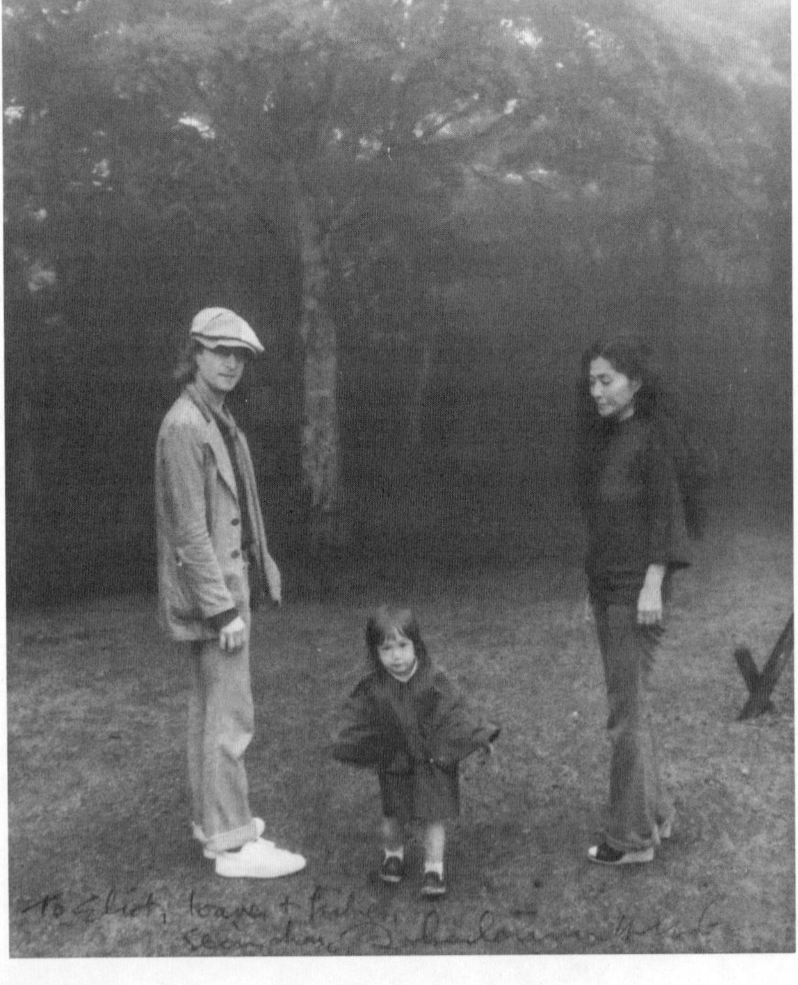

DOZE
Nova York, 1976

Nove meses depois de John voltar para o Dakota, Sean nasceu.

Foi uma gravidez estressante. Yoko e John tentaram ter um bebê durante anos, mas, mesmo com as ervas da fertilidade e os conselhos do Dr. Hong, engravidar tinha sido uma luta. O parto também foi um verdadeiro suplício: Yoko precisou de uma cesariana de emergência, o que mergulhou John em uma espiral de fúria, agravada pelo fato de que a maior parte dos médicos do hospital parecia mais interessada em apertar a mão dele e conseguir um autógrafo do que em atender sua esposa.

Agora finalmente John e Yoko tinham um bebê só deles, um menininho feliz e saudável que nascera no dia do aniversário do próprio John, em 9 de outubro.

Os números estavam claramente do lado deles.

Peguei um voo para Nova York cerca de duas semanas depois para conhecer o novo membro da família Lennon. Quando saí do elevador e entrei no apartamento deles no Dakota, fui recebido com a seguinte cena: John sentado no sofá todo branco, na sala igualmente toda branca, embalando seu filho nos braços. Yoko estava ao lado deles, com a expressão mais serena e contente que eu já vira.

Fui me aproximando para ver Sean, mas John ergueu a mão para me impedir.

– Não chega muito perto, Ellie – avisou ele. – Os germes, você sabe.

Sentei em uma otomana branca perto do piano branco, a uma distância respeitosa, e fiquei apenas assimilando a cena. Depois de todo o tumulto dos últimos anos, parecia que enfim a Terra tinha entrado nos eixos. John e Yoko não apenas estavam juntos, como no passado, mas também se aproximaram ainda mais pelo bebê que gorgolejava no colo deles.

– Elliot, as pessoas vão perguntar se escolhemos o dia 9 de outubro como aniversário de Sean para coincidir com o de John – comentou Yoko enquanto ajustava com carinho a manta de Sean. – Não é verdade. Não decidimos quando os bebês estão prontos para nascer; são os bebês que decidem. Eles decidem quando a alma deles está pronta para vir à tona e até mesmo quem serão seus pais. – Então sorriu para o filho recém-nascido. – Sean é muito corajoso por ter nos escolhido. Ele poderia ter escolhido outros pais. Poderia ter escolhido qualquer pessoa. Mas escolheu a nós.

– Pensamos em chamar você para ser padrinho – acrescentou John com um sorriso –, mas no fim escolhemos o Elton porque ele vai dar presentes melhores.

Pouco depois, uma babá apareceu na sala e pegou Sean com cuidado dos braços dos pais para ele mamar, trocar de fralda ou talvez tirar uma soneca. Nós três nos recolhemos ao quarto principal. Eles foram para a cama, como costumavam fazer quando estávamos juntos. Assumi meu posto habitual na cadeira de vime e John acendeu um baseado.

– Eu estraguei tudo com meu primeiro filho – disse ele entre tragadas, referindo-se ao início turbulento do seu relacionamento com Julian, que ele literalmente negligenciara desde o nascimento.

Quando Julian nasceu, John estava em um show com os Beatles no leste de Londres. Poucas semanas depois, pegou um avião para Barcelona com Brian Epstein para passar as férias, deixando Cynthia sozinha com o recém-nascido.

– Eu era esse tipo de canalha. Simplesmente saí de férias. Fui um pai invisível. Mas vou fazer meu melhor desta vez. Vou dedicar todos os momentos do meu dia a Sean. Vou me envolver em cada etapa da vida dele.

Até onde sei, ele fez exatamente isso e se transformou no primeiro – ou pelo menos o mais famoso – dono de casa do mundo.

Naquela época, em 1975, os papéis de gênero eram muito mais rígidos do que hoje. As mulheres estavam começando a romper os padrões e a exigir novos direitos, à medida que o movimento feminista lutava por mais igualdade sexual, econômica e política. Mesmo assim, os homens continuavam presos no mesmo caminho traçado por seus pais e avôs. A ideia de que um homem pudesse ficar em casa para cuidar do filho enquanto a mãe saía para trabalhar parecia, naqueles tempos, tão revolucionária quanto um mundo sem países, sem posses e nenhuma religião. Ninguém fazia isso.

John fez.

Alguns suspeitavam que os anos em que John se dedicou a ser marido e pai foram uma estratégia elaborada por Yoko para gerar repercussão positiva na imprensa. Não é verdade. Sei disso porque, nos seis meses que se seguiram, todas as conversas que tive com John por telefone – pelo menos uma por dia – giravam em torno do filho. Ele me contou sobre seus passeios com Sean no Central Park, carregando o bebê contra o peito feito um canguru e explorando os trechos menos conhecidos do parque, longe do gramado principal. Ouvi inúmeras histórias sobre a hora do banho, sobre como John e Sean ficavam juntos na banheira. Sobre a videoteca que John tinha criado para o filho, o que evitaria expor o menino à propaganda televisiva ("Vídeos sobre a natureza e coisas do tipo, para dar liberdade à mente dele"). Sobre os livros que John tinha comprado para Sean ler "quando estivesse pronto".

– John, ele tem apenas meses de vida – comentei, imaginando pilhas de edições de J. Krishnamurti no quarto de Sean. – Que tipo de livro você está comprando para ele?

– Livros infantis! – exclamou John. – Que tipo de livro você achava que era?!

Ele e Yoko obviamente tiveram muita ajuda para cuidar do bebê – babás que vigiavam Sean com olhos de falcão –, mas John raramente saía do lado do filho, o que parecia ter um efeito tranquilizador em sua psique. Nos meses seguintes ao nascimento de Sean, notei uma mudança no timbre da voz de John ao telefone: ele soava mais calmo e suave. Tinha começado até a fazer pão – e, de fato, me enviou uma Polaroid de um dos primeiros que assara. John parecia ter descoberto nele mesmo algo que sempre buscara, mesmo que essa busca não fosse consciente. Como se dizia nos anos 1970, ele parecia ter "encontrado seu verdadeiro eu".

Yoko, por sua vez, sentia-se aliviada por John ter assumido com tanto entusiasmo o papel de pai. Isso lhe dava espaço para se concentrar nos negócios da família, uma função para a qual estava mais do que qualificada – e pela qual John não demonstrava o menor interesse ou aptidão. Depois da separação amarga dos Beatles, John nunca mais quis lidar com advogados, comparecer a depoimentos ou analisar qualquer tipo de contrato. Ele não fazia ideia de como lidar com questões fiscais, ameaças de penhora ou negócios e investimentos remanescentes de sua antiga banda. Duvido que tenha assinado um cheque na vida. Assim, sentia-se mais do que feliz em deixar Yoko assumir tudo aquilo sozinha, o que ela fez incansavelmente, com habilidade e tenacidade.

Ao contrário de John, na maioria das minhas conversas ao telefone com Yoko naquela época (e também nos falávamos quase todos os dias) raramente Sean era mencionado. Ela desabafava sobre jornalistas, me dava "trabalhos de casa" (como entrevistar médiuns em potencial para sua equipe), lia poemas de vez em quando ou cantava alguma canção para mim.

Ela dizia:

– Tenho trabalhado em duas ou três canções, quer ouvir?

Eu respondia que adoraria e então ela as cantava baixinho ao telefone. Eram doces, poéticas e, de certa forma, reconfortantes. Mas ela nunca as gravou, e eu nunca voltei a ouvi-las. Ela simplesmente gostava de trabalhar nas canções.

AO LONGO DE 1975, acabei indo com frequência a Nova York a negócios e me encontrei mais com John e Yoko – e Sean, depois que ele nasceu – do que o habitual. Na maioria das vezes, foi ótimo. Depois de ser testada pelo estresse do "fim de semana perdido" de John, nossa amizade estava mais forte do que nunca. Todos os sacrifícios que fiz no altar dessa conexão tão incomum e exigente – viver sob o ritmo muitas vezes fatigante da luz vermelha que piscava no teto do meu quarto – estavam enfim valendo a pena com uma reciprocidade recém-descoberta. Eu me sentia mais confortável e "em casa" com John e Yoko.

Ainda assim, para ser bem sincero, houve um ou dois momentos em que eles me levaram ao limite. Por exemplo, certa vez eu fui a Nova York para entrevistar Salvador Dalí, o célebre artista espanhol, pai do surrealismo, famoso por suas pinturas de relógios que derretiam de galhos de árvores e outras obras. Durante um jantar macrobiótico no Dakota, mencionei de passagem meu encontro com Dalí, no dia seguinte. Grande erro. John e Yoko o haviam conhecido anos antes e se convidaram para participar da entrevista. Por mais que estivesse apreensivo, não tive como recusar, então na manhã seguinte pedi que meu táxi passasse pelo Dakota a caminho da suíte presidencial de Dalí, no Hotel Pierre.

Dalí, na casa dos 70 anos naquela época, era acima de tudo um showman. Vestia-se de modo excêntrico, geralmente com ternos risca-de-giz transpassados, compondo o traje com um peitilho de babados e uma bengala com pega de prata. Falava com exuberância, o sotaque cantarolado e impenetrável, algo que me parecia proposital para dificultar a captura aos equipamentos de rádio. Até o bigode dele era excêntrico: longo e com as pontas enceradas, quase tão surreal quanto suas obras. Havia semanas eu estava ansioso para conversar com ele, bem como particularmente interessado em saber se em algum momento sua imaginação fértil fora intensificada por experiências com drogas psicodélicas.

Infelizmente, a entrevista foi um desastre, em grande parte por causa das frequentes interrupções de John e Yoko. Os dois pareciam ter se esquecido de que eu estava tentando gravar um programa de rádio. No minuto em que eu começava a falar sobre um assunto interessante, John ou Yoko, ou os dois, soltavam um comentário ou uma piada que arruinava o trecho de áudio. Quando voltei à minha suíte no Plaza, eu estava arrasado. Foi a pior entrevista que fiz na vida. Era o meu trabalho! Era como se eu tivesse entrado no estúdio enquanto John e Yoko estavam cantando e tocasse uma buzina! Ao ouvir a fita com um nó na garganta, percebi que a entrevista era totalmente inutilizável.

Quem me dera essa tivesse sido a única vez que os Lennon arruinaram uma das minhas entrevistas, mas, pouco tempo depois, isso aconteceu de novo, quando insistiram em me acompanhar na entrevista com Baba Ram Dass, o famoso psicólogo, professor de Harvard e adepto da psicodelia, que ajudou a popularizar a filosofia oriental no Ocidente. Dessa vez, amontoados no pequeno apartamento de Ram Dass, Yoko o insultou. Enquanto ele concluía suas reflexões, ela declarou que ele parecia "um pouco falso". De novo, afundei em depressão. Por sorte, no dia seguinte, Ram Dass – que mais tarde se tornaria meu amigo – me chamou de volta para refazer a entrevista. Dessa vez, não deixei que John e Yoko soubessem.

Em algum momento nessa época, minha antiga namorada Louise voltou à cena, pelo menos por uma semana. Depois de viajar pela Europa, ela passou por Nova York a caminho da Califórnia, então eu a convidei para ficar comigo no Plaza. Foi um interlúdio romântico muito agradável, e John e Yoko fizeram o máximo (ou quase) para recebê-la em nosso meio. Nós quatro caminhamos juntos pelo Central Park, jantamos no Russian Tea Room e comparecemos à reinauguração da boate Copacabana. Mas, como acontecera em Sausalito, havia um limite até onde John e Yoko estavam dispostos a aceitar qualquer intruso em nosso trio. Eles escolhiam as companhias, não eu. No fim da semana, quando Louise foi para casa em Mill Valley, notei que eles relaxaram um pouco. De certa forma, eu também. Sabia que Louise e eu não estávamos destinados a ficar juntos. Sabia que um relacionamento com ela era apenas mais um sonho fadado ao fracasso – um sonho que eu havia trocado por uma fantasia muito diferente, uma fantasia que se tornara minha realidade.

Eu acreditava, em certo sentido, que estava casado com John e Yoko.

Então, em uma noite de quinta-feira, em fevereiro de 1976, enquanto jantava com um amigo em West Hollywood, recebi uma notícia que destruiu minha vida metodicamente organizada, me arrastando para um pesadelo. Um garçom trouxe um telefone à nossa mesa, e fui informado pela voz do outro lado da linha que Sal Mineo tinha sido assassinado.

Vamos voltar no tempo para falar um pouco sobre Sal. Quando eu, um jovem estudante de radialismo na City College, conheci Sal em 1962, ele já estava bem perto do topo da cadeia alimentar de Hollywood. Começou como ator-mirim, participando da peça da Broadway *O Rei e Eu*. Aos 16 anos, já galgava os degraus para o estrelato, a começar com sua atuação indicada ao Oscar por *Juventude transviada*, de 1955, em que contracenou com James Dean. Dali em diante, destacou-se em um papel atrás do outro, como em *Assim caminha a humanidade*, de 1956, *O crime caminha pela noite*, de 1957, *Tonka e o bravo comanche*, de 1958, *O rei do ritmo*, de 1959, *Exodus*, de 1960, e *O mais longo dos dias* e *Os fugitivos de Zahrain*, ambos de 1962. Ao completar 21 anos, Sal ganhava mais de 200 mil dólares por filme, uma quantia exorbitante naquela época.

Naturalmente, sendo tão novo, ele acabou gastando quase tudo.

Durante um tempo, alugou um apartamento em Hollywood Hills, estacionando sua moto na sala de estar. Mais tarde, comprou um Bentley usado e se mudou para uma casa de praia em Santa Mônica, não muito longe daquela que fora de Peter Lawford. As festas que Sal deu lá no início da década de 1960 eram bacanais épicos, que fariam as farras de Lawford parecerem churrascos de família. Havia caviar e champanhe liberados – Sal esbanjou nisso boa parte de seus ganhos –, e às vezes até apresentações ao vivo. Alguns dos mais famosos atores e músicos do período eram frequentadores assíduos: lembro que esbarrei com Jane Fonda, Lee Remick, Roddy McDowall, Eva Marie Saint e muitos outros. Em uma dessas festas, Sal me apresentou a um adolescente que cantara para a plateia de famosos, que, por sua vez, caiu de amores por ele. Sal me contou que estava agenciando o rapaz e o ajudara a conseguir um papel em um programa de TV chamado *Shindig!*. Chamava-se Bobby Sherman e seria um ídolo juvenil por um bom tempo.

Mais uma vez, não entendo por que Sal se aproximou de mim, mas foi o que aconteceu. Como falei, esta é a história da minha vida: ser escolhido como amigo dos ícones mais adorados. Depois que nos conhecemos naquele clube noturno na Sunset Strip aonde eu tinha ido entrevistar um hipnotizador para a rádio universitária, nós nos aproximamos. Ele me indicava quando eu estava procurando emprego, tinha um interesse genuíno na minha carreira e se esforçava para abrir espaço para mim em sua vida. Certa vez, quando ele estava filmando o épico bíblico *A maior história de todos os tempos* – no qual interpretava Uriah, um soldado do exército do Rei Davi –, Sal me convidou para passar alguns dias no set de filmagem no deserto, em Moab, Utah, onde eu o vi atuar naquela produção extravagante. Foi um gesto de pura amizade e gentileza. Ele não tinha outro motivo para fazer isso além de me agradar.

Embora fôssemos bem amigos, eu não fazia ideia de que Sal era bissexual. Na época, ele estava noivo da atriz britânica Jill Haworth, que conhecera no set de *Exodus*, e os dois pareciam muito apaixonados. Inclusive, em 1960, eles apareceram juntos na capa da revista *Life*, uma representação perfeita de um casal hollywoodiano feliz. Fosse qual fosse a vida secreta que Sal tenha levado – e, naquela época, esse tipo de segredo podia destruir uma carreira –, ele nunca compartilhou nenhum detalhe comigo. Pensando agora, talvez sua tendência a escolher roupas de couro fosse uma pista, mas eu achava que fosse apenas um resquício estético dos dias de *Juventude transviada*.

Sal fez alguns filmes excelentes nos anos 1960 – *Who Killed Teddy Bear* era um dos meus preferidos –, mas, no final da década, quando ele se aproximava da casa dos 30, os papéis começaram a escassear, assim como seu dinheiro. Quase sem economias, ele trocou seu Bentley por um Chevrolet Chevelle e acabou se mudando para um apartamento de um quarto em West Hollywood, na Holloway Drive, logo abaixo da Sunset Strip. Sobrevivia de pequenas participações em séries de TV como *Havaí Cinco-0*, *Meus filhos e eu* e *Columbo*. Seu último grande papel no cinema foi como Dr. Milo, um chimpanzé falante em *Fuga do Planeta dos Macacos*, de 1971. Durante algum tempo, ele conseguiu se manter com o que restava da sua fama, mas isso também chegaria ao fim. Em 1974 ou 1975, lembro que jantamos juntos em um bistrô perto da Sunset Plaza Drive, um bar muito frequentado por atores e atrizes da região. Quando o garçom trouxe a conta, Sal tentou "pendurar". O garçom recusou educadamente e perguntou se ele poderia pagar com cartão de crédito, observando que Sal já havia acumulado uma dívida considerável. Sal ficou indignado.

– Sabe quantas pessoas eu trouxe a este restaurante? – vociferou, atirando o guardanapo na mesa. – Isso é um insulto! Como ousa?

Essa foi uma das últimas vezes que me lembro de vê-lo em vida. Agora, em fevereiro de 1976, em outro restaurante de West Hollywood, eu tentava assimilar a notícia de que Sal tinha morrido. Não só morrido, mas sido assassinado. Esfaqueado até a morte em um ataque brutal e sem sentido.

Saí do restaurante e dirigi até o apartamento de Sal, a cena do crime. Mais tarde, soube que ele fora morto ao voltar do ensaio de uma peça, enquanto estacionava o Chevelle em sua garagem. O agressor saltou de trás de uns arbustos, esfaqueou-o no coração, roubou sua carteira e fugiu com um total de 11 dólares. Havia viaturas por todo lado, as luzes vermelhas lançando uma confusão de cores sobre as palmeiras que ladeavam a rua. Cerca de 100 metros dali, estirado na entrada para carros e coberto por uma lona amarela, estava o corpo inerte do meu amigo.

Não lembro quanto tempo fiquei ali olhando – talvez poucos minutos, talvez mais –, mas em algum momento voltei para Laurel Canyon. Minha secretária eletrônica tinha registrado dezenas de telefonemas de amigos e repórteres que souberam do assassinato, assim como algumas chamadas de um detetive de homicídios que queria falar comigo. Liguei de volta para ele primeiro e, em questão de minutos, dois policiais estavam batendo à minha porta. Eles me interrogaram por muito tempo, interessados na vida privada de Sal, em nossa amizade e sobre onde eu estivera naquela noite. Era o início de uma investigação que se arrastaria por dois anos – resultando na prisão e condenação de um homem de 20 e poucos anos, membro de uma gangue e com uma longa ficha criminal. Eu era considerado o que hoje eles chamam de "pessoa de interesse". Não levei para o lado pessoal. Para a polícia, qualquer um que conhecesse Sal era suspeito. No dia seguinte, fui à delegacia e fiz o teste do polígrafo para limpar meu nome.

A pedido do irmão de Sal, providenciei o translado do corpo dele para Mamaroneck, Nova York, onde vivia sua família e ele seria enterrado. Obviamente, fui junto no voo para acompanhar os restos mortais do meu amigo. Mas não fui sozinho. Sal também tinha sido grande amigo de David Cassidy – os dois compartilhavam o fato de terem sido ídolos adolescentes –, que se prontificou a me acompanhar naquele voo amargo. Foi, para dizer o mínimo, uma viagem difícil, agravada pela maneira como David lidava com o próprio luto. Contamos histórias sobre Sal, o que foi de alguma forma catártico e benéfico. Mas, depois de um tempo, David começou a beber pesado e ir ao banheiro repetidas vezes, voltando para seu assento tomado por uma energia tensa, alimentada pela cocaína.

Por mais terrível que tenha sido a viagem, o que se seguiria ao aterrissarmos em Nova York foi muito pior.

David não compareceu ao funeral, temendo que sua presença criasse um frenesi midiático. Imagino que todos os funerais sejam devastadores, mas eu ainda não tinha experimentado um luto verdadeiro. O mais perto disso – embora nem se compare – foi quando meu cachorro Shane ficou tão doente que precisou ser sacrificado. Repito, não é sequer uma comparação válida – um cão obviamente não é um ser humano –, mas naquele ponto da minha vida era o único parâmetro que eu tinha. A morte de Sal, é claro, me apresentou a uma forma bem diferente de dor.

Quando a cerimônia finalmente acabou e Sal foi enterrado em Mamaroneck, peguei um táxi de volta para a cidade e me hospedei no Plaza, na esperança de enfim descansar um pouco. No entanto, junto com a chave do meu quarto, o recepcionista me entregou uma pilha de recados de pessoas que haviam ligado. Muitos eram de John e Yoko, pedindo que eu fosse até o Dakota assim que chegasse.

Decidi que John e Yoko teriam que esperar e segui para os elevadores. No minuto em que abri a porta do meu quarto, o telefone tocou.

– Ellie, a Mãe e eu queremos te ver – falou John.

– John, estou esgotado e completamente exausto. Podemos nos ver amanhã?

– A Mãe e eu queríamos muito te ver agora – repetiu ele.

Eu estava cansado demais para discutir, então desliguei o telefone e, sem trocar o terno que usara no funeral, voltei ao saguão do hotel e chamei um táxi. Poucos minutos depois, eu estava no sétimo andar do Dakota, prestes a entrar no apartamento de John e Yoko. Antes de atravessar a porta da antessala, no entanto, percebi que algo pendia da maçaneta de latão: um pequeno conjunto de contas e sinos tibetanos, que reconheci como totens místicos que supostamente tinham poder mágico e protetor. Imaginei que teriam sido colocados ali quando Sean nasceu. Eles retiniram com um som agradável quando abri a porta.

John me deu um abraço apertado assim que me viu e me levou até a cozinha, onde Yoko estava à espera. Ela também me abraçou; foi uma das poucas vezes em que Yoko tomou a iniciativa de um acolhimento físico. Quando nos sentamos à mesa de jantar, fiquei surpreso ao ver uma garrafa de Chardonnay esperando por mim com apenas uma taça; por razões óbvias, Yoko não permitia álcool na casa deles. Não pela primeira vez naquele dia, eu desatei a chorar.

Conversamos por horas a fio, noite adentro. Eu estava exausto e emocionalmente exaurido, mas algo estranho aconteceu à medida que conversávamos. Como por milagre, comecei a me sentir melhor. Ainda estava sofrendo, é claro – estava arrasado –, mas o desespero parecia estar diminuindo. Eu estava onde precisava estar, junto das pessoas com quem precisava estar, ouvindo as palavras que precisava ouvir. Estava com a minha família.

– Me diga como está se sentindo – pediu Yoko, seu tom suave.

– Completamente vazio – respondi.

– Às vezes, quando alguém que amamos morre, nós nos sentimos abandonados. Está se sentindo abandonado? – perguntou ela.

– Sim, acho que é uma boa palavra para descrever.

– Mas você não está sozinho, Elliot. Você está aqui. Com pessoas que amam você.

John sorriu. Mas ele parecia curioso sobre o assassinato de Sal e não resistiu a fazer perguntas.

– Sal conhecia o tal homem, Ellie?

– A polícia não tem resposta nenhuma, mas parece ter sido um ato de violência aleatório. Parece que Sal não conhecia o homem.

– Poderia acontecer com qualquer um – refletiu John.

– Não tem medo de que um dia possa acontecer com você? – perguntei.

– Se pode acontecer com qualquer um, por que eu perderia meu tempo me preocupando se vai acontecer comigo?

– Você nunca anda com guarda-costas ou qualquer tipo de segurança. Penso nisso desde que nos conhecemos. Por que vocês não se protegem?

– Durante toda a minha vida tive gente ao meu redor querendo me proteger. Quando o grupo estava em turnê, havia centenas de policiais à nossa volta. Mas se alguém quiser te pegar, vai te pegar. Podem te pegar na Disneylândia. Olha quanta gente havia perto de Kennedy. Não preciso de guarda-costas. Não quero. Sou só um cantor de rock.

– Mas, John – pressionei –, não acha que ter mais pessoas perto, ou pelo menos mais uma, deixaria você um pouco mais seguro?

– Não. Estremeço só de pensar nisso.

Ele hesitou por um instante.

– Nunca tive medo da morte – acrescentou. – Para mim, é como sair de um carro e pegar outro.

Yoko assentiu, concordando.

– Não é possível impedir algo que está destinado a acontecer – afirmou ela. – Uma vez, nos consultamos com uma das melhores quiromantes da Grécia e ela disse que John seria morto em uma ilha. Deveríamos então evitar ilhas a todo custo? Não deveríamos nunca sair de casa? Se for para acontecer, vai acontecer.

Percebi que nada do que eu argumentasse alteraria a opinião deles.

Por mais acolhedores que John e Yoko fossem, comecei a ser vencido pela exaustão. Eu precisava dormir. Então, enquanto o sol nascia sobre a ilha de Manhattan, Yoko me deu outro meio abraço e John me acompanhou até a porta. Quando ele a abriu, ouvimos o barulhinho dos pequenos sinos tibetanos.

Apontando para os totens mágicos que pendiam da maçaneta, John falou:

– Esta é toda a proteção de que precisamos.

TREZE
Japão, 1977

Em uma tarde escaldante no verão de 1977, um motoqueiro apareceu na minha casa em Laurel Canyon. Eu não estava esperando nenhuma entrega, então fiquei um pouco intrigado quando ele me deu um envelope de papel-manilha. Dentro, havia uma passagem de primeira classe para Tóquio e um bilhete na caligrafia inconfundível de John.

"Estamos com saudades", escreveu ele. "Vem ficar com a gente."

John e Yoko, junto com Sean, então com quase 2 anos, tinham ido para o Japão alguns meses antes para uma longa estadia no país natal de Yoko. A família dela tinha uma casa nos arredores de Tóquio, na pequena vila de Karuizawa, onde os Lennon haviam se instalado em um belo e antigo hotel chamando Mampei. Embora nossos telefonemas diários tivessem cessado enquanto eles estavam fora – a luz vermelha no teto do meu quarto passou semanas a fio sem piscar –, recebi mais de cem cartas e cartões-postais do Japão, com os desenhos inimitáveis de John e jogos de palavras cômicos e cheios de trocadilhos. Após anos de conversas ao telefone, as cartas e os cartões-postais eram uma maneira revigorante e divertida de me sentir conectado aos meus queridos amigos, e adorei receber todos eles.

Ainda assim, eu sentia falta dos dois, e acabou que o convite não poderia ter chegado em momento mais oportuno. Eu trabalhava na rádio havia mais de uma década – acumulando centenas de horas de transmissões – e, àquela altura, começava a me sentir esgotado pelo ciclo ininterrupto e estressante de encontrar talentos, marcar entrevistas e então manter conversas animadas e interessantes com eles no ar. Estava pronto para uma mudança, cogitando até trocar de carreira: o admirável mundo novo da consultoria de mídia me soava promissor. Semanas antes, tinha feito inclusive uma pausa na minha programação habitual. Pela primeira vez desde que embarcara na Dragon Wagon para aquela *road trip* até São Francisco, eu tinha dias livres na agenda. Por que não passar alguns deles no Japão?

Então, cerca de uma semana depois, eu estava arrumando as malas e me preparando para meu primeiríssimo voo transpacífico na manhã seguinte. Para me fazer companhia enquanto eu dobrava minhas camisas havaianas preferidas, liguei a TV. Foi quando ouvi algo que me deixou estático.

Elvis Presley tinha morrido.

Obviamente não foi tão devastador quanto a morte de Sal no ano anterior. Não conheci Elvis pessoalmente. Mesmo assim, ele teve uma enorme contribuição na minha formação cultural, bem mais importante até do que os Beatles. Para mim e para inúmeros outros adolescentes da minha geração, Presley representava liberdade e rebeldia. Para nós, não havia ninguém que se parecesse com ele, cantasse como ele e, sobretudo, se movesse como ele. Ele era o James Dean do rock: ousado, original e perigoso.

Eu sabia que Elvis também tinha sido uma imensa influência para John. Sem Presley, é bem possível que John nunca tivesse pegado em uma guitarra e os Beatles não teriam existido.

— Antes de Elvis, não havia nada — afirmou John certa vez em uma declaração famosa, resumindo a importância de Presley para o rock'n'roll.

Telefonemas para o outro lado do Pacífico não eram comuns naquela época, mas eu precisava ser a pessoa a dar a notícia para John. Imaginei que ele iria ficar abalado e talvez precisasse conversar sobre isso. Eu queria estar presente, ainda que por telefone, para retribuir a atenção que ele e Yoko me deram após o funeral de Sal. Então, liguei para Karuizawa.

— Estava pensando em você agora mesmo! — exclamou John, soando animado.

A notícia da morte de Elvis ainda não tinha chegado até ele.

— Olha, John, tenho más notícias.

— O que foi? — indagou, seu tom repentinamente grave.

— Acabaram de anunciar que Elvis morreu.

— O que aconteceu? Como ele morreu?

— Estão dizendo que foi infarto fulminante.

Houve uma longa pausa do outro lado da linha. Então, John fez algo que eu nunca vou esquecer, algo que me deixou um pouco perplexo. Ele foi petulante.

– Elvis morreu quando entrou no Exército.

Outra pausa, a estática da chamada transpacífica enchendo a linha durante pelo menos dez segundos.

– A diferença entre os Beatles e Elvis é que Elvis morreu e o agente dele continua vivo – disse ele, por fim. – No caso dos Beatles, o agente morreu e nós continuamos vivos. Mas eu nunca quis ser um quarentão que morreu cantando antigos sucessos vestindo um macacão em Las Vegas.

Não soube como responder, então fiquei calado.

– Envie duas gardênias brancas para o túmulo dele – prosseguiu John, suavizando diante do meu silêncio. – Acrescente um bilhete dizendo: "Descanse em paz. De John e Yoko."

– Está bem.

– Vejo você em breve, então?

– Sim – falei, meio abalado. – A gente se vê no Japão.

Lembro-me de ter pensado naquele momento que, algum dia, anos mais tarde, um repórter poderia me perguntar o que John Lennon dissera quando lhe dei a notícia da morte de Elvis. E eu sabia que me veria obrigado a resistir à tentação de responder com sinceridade.

Em meu choque pela morte de Elvis, e ansioso por reconfortar John, eu tinha me esquecido de quanto os sentimentos dele em relação a Presley eram complexos. Em algum momento, a admiração adolescente de John por Elvis havia azedado e se transformado em decepção – e eu sabia exatamente quando isso acontecera. Em meados da década de 1960, no auge da Beatlemania, John e seus companheiros de banda conheceram Elvis em sua casa, em Bel Air, mas o encontro não correu bem. John não parava de perguntar por que ele tinha feito todos aqueles "filmes horríveis" – *Viva Las Vegas* tinha acabado de estrear –, o que naturalmente irritou Elvis. Ele sentiu uma antipatia imediata por John. Mais tarde, quando John se interessou mais por política, manifestando-se contra a guerra no Vietnã, despertando a ira de Nixon e recebendo ameaças de deportação, John passou a desprezar o antigo ídolo na mesma medida. Presley, afinal, fora um grande apoiador de Nixon e, inclusive, estivera na

Casa Branca para receber um distintivo honorário de agente do Departamento Federal de Narcóticos.

Na manhã seguinte, eu estava me acomodando no avião para passar as 11 horas seguintes voando para Tóquio. Eu nunca tinha ido à Ásia e estava empolgado com aquela aventura, mas também me sentia um pouco nervoso. Karuizawa não era exatamente um destino turístico popular, e era complicado chegar lá. John e Yoko tinham me enviado instruções extremamente detalhadas sobre o que fazer quando aterrissasse: um homem me encontraria no aeroporto e me levaria até a estação, onde eu pegaria um trem e saltaria na 11ª parada, então outro homem me encontraria para me dar mais instruções. Tudo aquilo me fez lembrar do nosso primeiro encontro, quando tive que seguir pistas para encontrá-los em Ojai. Mas dessa vez eu tinha medo, e não sem razão, de acabar perdido em um país cuja língua nativa eu desconhecia.

Como era de se esperar, quando aterrissamos não consegui encontrar a pessoa que deveria me receber no aeroporto – pelo menos não de imediato. Depois de zanzar pelo portão de desembarque por não sei quanto tempo, acabei por localizar um homem japonês de terno e gravata que parecia estar esperando por alguém, provavelmente eu. Por sorte, ele era de fato meu primeiro contato em Karuizawa. O homem não falava inglês, mas, gesticulando um pouco, chegamos à estação ferroviária, onde ele me embarcou no que eu rezava para ser o trem certo.

Como instruído, desci na 11ª parada. Já eram três da manhã, e a estação estava totalmente deserta, exceto por um senhor de idade com uma longa barba grisalha que esperava junto a um par de bicicletas encarquilhadas. Sorri para ele e sugeri:

– John Lennon?

Ele retribuiu o sorriso e se curvou em reverência. Voltei a tentar:

– Yoko Ono?

Dessa vez, o rosto dele se iluminou; ele era o cara. Também não falava inglês, mas de alguma forma conseguiu transmitir que iríamos de bicicleta para o Mampei; minhas malas seguiriam depois. Aparentemente, a bicicleta era o principal meio de transporte por ali.

Acabou sendo uma maratona, pois pedalamos cerca de 10 quilômetros. Houve vários momentos em que eu tive certeza de que teria um infarto. E então, claro, começou a chover. Mas, por fim, cerca de 40 minutos depois, notei alguns jardins ao longe. Conforme nos aproximávamos, vi o Mampei, uma pousada antiga e charmosa inaugurada em 1902 – quando o Japão estava começando a investir no turismo ocidental – que parecia um pouco um retiro alpino transplantado para lá das encostas de uma montanha suíça. Enquanto pedalávamos até a entrada majestosa do hotel, o perfume inebriante das cerejeiras quase me fez flutuar.

Eu me virei para dar uma gorjeta ao velho, mas ele já havia ido embora. Surgiu ao meu lado uma linda jovem japonesa que me conduziu em silêncio ao hotel por uma porta em estilo shoji. Após um ou dois minutos preenchendo a ficha do check-in, fui levado às fontes termais da pousada. Depois de viajar de avião, trem e bicicleta, ficar de molho naquelas águas mágicas foi uma das experiências mais relaxantes da minha vida. Em seguida, recebi um quimono e fui conduzido até o meu quarto, repleto de flores exóticas e frutas frescas. Havia também um bilhete de John e Yoko: "Estamos juntos agora, como uma família. A gente se vê pela manhã."

Minha insônia da vida inteira não foi páreo para a viagem de mais de 8.800 quilômetros de Los Angeles a Karuizawa, de modo que adormeci quase no mesmo instante em que pousei a cabeça no tatame. Não costumo sonhar, ou pelo menos quase nunca me lembro ao acordar, mas naquela noite sonhei que estava em uma pequena balsa – mais como uma jangada, na verdade – com John e Yoko. Estávamos em um lago de águas tão calmas e serenas quanto as fontes termais do Mampei. Vez por outra, Yoko enfiava a mão no lago e tirava um peixe, conversava com ele em japonês e então o libertava. Depois, John mergulhou para nadar e desapareceu debaixo da jangada. Quando ele não voltou à tona, comecei a entrar em pânico; eu não sabia nadar, por isso não poderia salvá-lo. Mas Yoko tocou suavemente meu braço e disse:

– Está tudo bem, Elliot, John vai voltar quando estiver pronto.

Não fazia ideia do que significava o sonho, se é que significava alguma coisa, mas, quando acordei sobressaltado no dia seguinte com uma batida à minha porta, fiquei aliviado ao ver John e Yoko ali, sãos e salvos. Ele vestia um belo quimono clássico; ela, um roupão de seda branco. Acho que nunca os vira com aspecto tão saudável. Os dois meses no

Japão haviam alterado de forma radical seu estilo de vida – sobretudo John, que em Nova York considerava que bolo de chocolate fazia parte da dieta básica. Ali, eles comiam frutas, verduras e legumes, além de muito peixe fresco, andavam de bicicleta por todo lado e estavam mais magros e em forma do que eu jamais os havia visto. Ambos tinham os cabelos longos e brilhantes – devia haver algo na água encantada dali –, e a pele também parecia quase reluzir. Eles eram como uma visão, quase como se eu ainda estivesse sonhando.

Depois de nos abraçarmos – mais um tapinha nas costas por parte de Yoko –, eles me levaram para passear por uma travessa ali perto, onde paramos para almoçar sushi. Devo registrar que sushi em Karuizawa não é a mesma coisa que sushi em Los Angeles. O peixe naquela cidade era literalmente fisgado de um riacho de 800 anos que corria atrás do restaurante e servido tão fresco que você quase podia senti-lo se debater goela abaixo.

Cada dia era uma nova aventura. Certa manhã, subimos uma colina de bicicleta até um salão de chá, talvez a uns 10 quilômetros do hotel. Yoko sempre ia na frente, enquanto John e eu lutávamos para manter o fôlego, tentando acompanhar seu ritmo. Yoko se esforçava para oferecer experiências que fossem singulares e especiais para mim – era uma de suas maneiras de me acolher, de demonstrar afeto. Algumas, no entanto, eram um pouco demais. Yoko nos levou a um restaurante que servia sopa de tartaruga. Era como escolher sua lagosta de um tanque, mas nesse caso eles pegavam a tartaruga e a balançavam bem na sua frente. Poucos minutos depois, ela voltava em forma de sopa, dentro do próprio casco, com os pés e tudo. Não quis repetir.

– Então, o que mais vocês dois têm feito aqui? – perguntei depois de um almoço sem tartarugas no menu. – Como passam os dias quando não estão me recebendo?

Os dois me encararam como se eu tivesse vindo de outro planeta.

– Bom – respondeu John –, estamos apenas *sendo*.

– Apenas *sendo*?

– Depois que você desacelerar mais um pouco, vai entender – respondeu Yoko.

Ela tinha razão. E não demorou muito. Em alguns dias, eu percebi que o tempo em Karuizawa passava em um ritmo muito mais vagaroso. Talvez porque houvesse menos estímulos sensoriais do que em Nova York ou Los Angeles: nenhum carro buzinando, nenhum tumulto. Apenas as notas suaves das flautas de bambu flutuando pelo ar, como sonhos de tangerina em nuvens de marmelada. Fazíamos ioga pela manhã, passeávamos com Sean ou subíamos a colina de bicicleta até um café que John e Yoko tinham descoberto. Em uma tarde, Yoko marcou massagens para mim e John em um monastério xintoísta, onde uma ordem de idosas cegas usava táticas manuais místicas para transferir energia curativa. Era um lugar incrível, mágico – um século antes, tinha sido um santuário para esposas japonesas vítimas de maus-tratos –, e saí dali com a sensação de ter sido tocado por algo sobrenatural.

Em determinado momento, viajamos para Quioto, que ficava a cerca de cinco horas de carro de Karuizawa, para visitar antigos templos xintoístas. Para minha surpresa, John foi quem mais se deslumbrou com a experiência, fechando os olhos e juntando as mãos em oração enquanto se ajoelhava diante dos santuários. Ironicamente, o homem que compusera "God", uma canção que proclamava a descrença em relação a tudo que tivesse a ver com religião, se envolveu de tal forma com o ritual que até Yoko estranhou. Lembro que, em um dos templos, havia um lugar onde as pessoas podiam comprar pedacinhos de papel com desejos para o futuro e pendurá-los em fitas como oferendas ao mundo espiritual. John, Yoko e eu escolhemos os nossos e os penduramos.

John inclinou a cabeça e fechou os olhos. Mais tarde eu perguntei, um pouco como provocação:

– O que você pediu?

– Não foi um pedido – comentou ele, na defensiva. – Desejei paz. O que você pediu?

– Pedi que os espíritos nos abençoassem.

– Ah, bem, você não entendeu nada, meu chapa. O espírito está dentro de você.

Por mais encantadora que tenha sido nossa estadia em Karuizawa, John e Yoko já estavam lá desde bem antes de eu me juntar a eles. Então, poucas semanas depois da minha chegada, quando os conselheiros místicos de Yoko determinaram que era hora de os Lennon seguirem viagem, eles decidiram partir para Tóquio, onde Yoko tinha reuniões de negócios e encontros de família. Fizemos as malas e fomos para a estação de Quioto, onde embarcamos no então relativamente novo trem-bala, a maneira mais rápida e luxuosa de viajar no Japão sem sair do solo. Como sugere o nome, não era uma viagem longa – a 290 quilômetros por hora, levava apenas cerca de duas horas e meia –, mas Yoko, que vinha sendo nossa tradutora, guia turística e responsável por todo o entretenimento durante as semanas em Karuizawa, decidiu usar esse tempo para uma merecida soneca. Assim, John e eu tivemos que nos distrair por conta própria.

– Que tal um jogo sem sentido? – perguntei a John enquanto o trem disparava pela zona rural do Japão, que mais parecia um borrão passando pela janela.

– Se não tem sentido, por que eu ia querer jogar? – retrucou ele.

– Para matar o tempo.

– Nada consegue matar o tempo. Que jogo sem sentido é esse, afinal?

O que eu tinha em mente era uma variação do jogo da geografia. Nele, uma pessoa fala o nome de uma cidade, um país ou um continente, enquanto a outra precisa dizer um lugar que comece com a última letra do primeiro. Então, se eu falasse Nova York, a outra pessoa precisaria pensar em um lugar que começasse com a letra *K*, como Kandahar; em seguida, eu deveria falar o nome de outro que começasse com a letra *R*, como Rio de Janeiro, e assim por diante. Só que, na versão que eu queria jogar com John, em vez de lugares, usaríamos músicas dos Beatles.

– Músicas dos Beatles? – perguntou John. – É isso mesmo que você quer fazer neste trem?

– É. Acho que pode ser divertido.

– Eu nunca penso nas canções dos Beatles – mencionou ele. – Elas só servem como linha do tempo pra mim. É como eu recordo quando as coisas aconteceram na minha vida: eu lembro exatamente onde estava quando Paul e eu escrevemos certa canção. Mas, fora isso, não dou muita bola. Raramente as ouço. Ainda mais as do início. É um jogo bobo.

– Vamos tentar mesmo assim – insisti. – Parte da ideia desse tipo de jogo é que ele afasta você de qualquer processo intelectual. Ocupa a mente de forma irracional.

– Bom, você é muito bom em me tirar de qualquer processo intelectual, porque realmente é um jogo sem sentido. Tem algum melhor?

– Não – respondi. – Não tenho.

Então, enquanto zuníamos pelo Japão a bordo do trem mais rápido do mundo, começamos o jogo das canções dos Beatles.

John era péssimo. Eu falei "Come Together", e ele não conseguiu pensar em uma canção dos Beatles que começasse com a letra R ("Revolution", "Rocky Raccoon" e "Run for Your Life" me vieram à mente). Falei "A Day in the Life" e, por algum motivo, ele não foi capaz de pensar em "Eleanor Rigby" ou "Eight Days a Week". Uns cinco minutos depois, notei que ele estava ficando frustrado.

– O que está tentando provar, Ellie? – indagou ele, irritado. – Não sei por que inventou essa brincadeira. Passei a vida inteira evitando qualquer tipo de jogo.

– Por acaso você está frustrado porque não consegue dizer o nome de uma canção dos Beatles que comece com a letra D?

Eu tinha acabado de dizer "I Want to Hold Your Hand", mas John não se lembrou de "Day Tripper", "Dear Prudence" ou "Drive My Car".

– Por que está tentando me provocar? – quase gritou John.

– É só um jogo. Era para ser divertido.

– É um jogo idiota – desdenhou ele, então baixou o chapéu sobre a testa, se recostou e fingiu dormir.

Em Tóquio, ficamos no Okura, que na época era o hotel mais luxuoso da cidade, o equivalente japonês do Plaza em Nova York. E, quando digo "ficamos", quero dizer que quase nunca saíamos das instalações, seguindo as instruções explícitas de Yoko. Ela tinha bons motivos para querer que John permanecesse no hotel.

Para começar, Tóquio era – e ainda é – uma das cidades mais complexas do mundo, em que é fácil se perder. Até residentes de longa data acham confusa sua teia bizantina de becos e travessas. Além disso, ao contrário de Karuizawa (onde John poderia ser confundido com um simples turista *gaijin*, mas dificilmente reconhecido como um ex-beatle), Tóquio não era um lugar seguro para perambular. Mesmo em 1977, a cidade explodia com uma população cosmopolita de mais de 27 milhões de habitantes, grande parte dos quais certamente reconheceria um ex-beatle se deparasse com ele. Um dos motivos para Yoko ter escolhido o Okura era por ostentar uma segurança interna excepcional. Ela sabia que John ficaria seguro ali, desde que não se aventurasse para além do seu perímetro de proteção.

Por sorte, o Okura era enorme, quase uma pequena cidade. E os Lennon tinham reservado a suíte presidencial, que, por sua vez, era tão gigantesca que você poderia se perder ali. A sala de estar era tão espaçosa que John e Sean às vezes jogavam futebol nela, isso quando não estavam apostando corrida em carrinhos de pedalar pelos corredores aparentemente intermináveis da suíte. Se tivéssemos nos hospedado em Tóquio apenas por alguns dias ou mesmo uma semana, limitar nossos movimentos ao Okura talvez não tivesse sido um grande problema. John estava habituado a ficar enfurnado em hotéis. Durante anos, ele literalmente morara neles. (Os Beatles fizeram mais de 1.400 shows em todo o mundo.) Porém, acabamos ficando muito mais tempo, pois os conselheiros de Yoko não conseguiam encontrar datas seguras para viajar. Depois de algumas semanas, John começou a ficar inquieto e mal-humorado. Certa noite, enquanto Yoko estava fora e a babá já havia colocado Sean para dormir, John estava sentado na enorme sala de estar, preguiçosamente dedilhando seu violão e me falando como se sentia entediado e com saudades de casa.

– Eu só quero estar na minha cama, com meu amplificador Scott e meus livros – confessou.

– Pois é – concordei. – Espero que os números logo fiquem favoráveis para podermos voltar.

O dedilhar de John em seu violão se transformou em uma melodia reconhecível – ele começara a tocar "Jealous Guy" –, quando de repente as portas do elevador que vinha diretamente do saguão para a suíte presidencial se abriram. Um casal japonês vestido para jantar surgiu, andou pela suíte, admirou a vista espetacular da cidade e então se sentou em um dos sofás da sala de estar. John e eu nos entreolhamos. Com certeza o casal tinha se enganado e pegado o elevador errado. Nunca descobrimos como isso aconteceu; obviamente era uma falha de segurança absurda. O casal devia ter pensado que estava no lounge da cobertura: era, afinal, um espaço amplo, cheio de sofás, com música ao vivo. Eles acenderam cigarros e olharam em volta, procurando uma garçonete que pudesse anotar seus pedidos. John e eu sorrimos, e ele continuou tocando. Depois de algumas baforadas, o casal se levantou e, com uma expressão contrariada e desapontada, saiu em busca de um clube mais animado.

No fim das contas, a última apresentação pública de John Lennon aconteceu em um quarto de hotel em Tóquio, para um casal de japoneses desconhecidos que obviamente não fazia ideia de quem ele era. O destino tem mesmo um senso de humor perverso.

Algumas noites depois, com Yoko outra vez fora visitando sua família, John decidiu que estava cansado de ficar preso ali.

– Quero sair. Preciso de ar fresco. Estamos enclausurados neste hotel há semanas.

– A Mãe disse que não devemos sair – lembrei. – Não temos guarda-costas e não sabemos andar pela cidade.

Pressenti uma rebelião iminente ali.

– Eu sei o que a Mãe disse – insistiu ele. – Quero sair daqui.

Parecíamos dois irmãos discutindo se deveríamos desafiar as instruções dos pais e fazer algo perigoso sem a supervisão deles. Mas John era o mais velho, ainda que eu tendesse a ser o mais cauteloso, e era impossível não acatar sua liderança. Eu é que não ia bloquear a porta do elevador.

Logo depois do pôr do sol, saímos do hotel e pegamos um táxi até o coração de Tóquio, uma região tão caótica e confusa quanto Yoko havia alertado. Ficamos atordoados diante do emaranhado de luzes neon piscantes, enquanto hordas de pedestres nos jogavam de um lado para outro. Eu nunca estivera em uma cidade tão congestionada; parecia a Times Square ao quadrado. Mas John simplesmente seguiu em frente, saltitante, destemido como sempre, absorvendo tudo que havia para ver. Parecia nutrir um interesse especial pelos bares de saquê espalhados por todos os quarteirões. Eu temia o que estava por vir.

– Quero tomar saquê – declarou ele.

– Tem certeza de que é uma boa ideia? – indaguei, implorando, enquanto pensava na advertência de Yoko, após o "fim de semana perdido", de que eu deveria manter John longe do álcool. Ela sabia, assim como eu, que John se tornava alguém muito diferente quando bebia.

– É só saquê! – exclamou ele, seguindo em direção a um dos bares. – É como tomar uma taça de vinho.

Fiquei logo atrás dele enquanto nos aproximávamos do bar lotado. John estava prestes a fazer o pedido quando percebeu que não tinha dinheiro. Ele nunca tinha dinheiro. Cutucou meu ombro e pediu que eu pagasse o saquê. Vasculhei os bolsos e fisguei algumas notas de iene amassadas. Contrariado, pedi saquê para John e vinho branco para mim, que levaram 15 segundos para aparecer à nossa frente. Eu mal tinha encostado na minha taça quando John pousou de volta o copo de saquê vazio, batendo-o sobre o balcão.

– Mais um – ordenou ele.

O estrago já estava feito; seria impossível convencê-lo a parar. Então, pedi outro saquê, depois outro, depois outro. Enquanto John virava seu quarto drinque, comecei a notar uma mudança já conhecida na atmosfera do bar. É claro que eu não falava japonês, mas ouvi um burburinho crescente, então alguém disse em alto e bom som a palavra "Beatle", e outra pessoa falou "John". De repente, o salão que já estava lotado ficou ainda mais cheio, à medida que as pessoas se acotovelavam para se aproximar de nós, entornando as bebidas em suas camisas.

– John, é melhor sairmos daqui. A coisa pode ficar feia.

Ele engoliu o resto do saquê e andamos em direção à porta. Àquela altura, no entanto, ele já havia sido reconhecido, e metade do bar saiu atrás de nós, nos seguindo pela rua. Em questão de minutos, quase todo mundo lá fora estava ciente de que John Lennon se encontrava entre eles. Uma turba de pedestres começou a se juntar à nossa volta, empurrando canetas diante de John, gritando em japonês e exigindo autógrafos.

– Temos que sair daqui! – gritei por cima do turbilhão. – Não é seguro. Vou chamar um táxi.

John me fuzilou com o olhar, o álcool já começando a ativar o lado monstruoso da sua personalidade.

– Quero outro saquê – declarou ele entre dentes, ignorando o clamor dos fãs que explodia ao seu redor. – Não estou pedindo. Estou mandando.

– John, isso está perigoso! Tem um monte de janelas de vidro laminado nesses prédios. Alguém pode se machucar. *Você* pode se machucar.

Foi então que ele me pegou pelo colarinho e me empurrou contra uma parede de concreto.

– Se estou dizendo que quero a porra de uma bebida, você não vai me impedir! – gritou ele. – Entendeu?

É claro, não havia maneira de John conseguir outra bebida. Mesmo embriagado, ele viu que a multidão estava fora de controle e não o deixaria se refugiar em outro bar de saquê. Sua única escolha era entrar no táxi que eu consegui parar e voltar para a suíte no Okura, onde Yoko estava à espera, parecendo bastante com uma mãe furiosa. Vi pela sua expressão que haveria consequências. Talvez não para John, mas certamente para o irmão mais novo e supostamente mais sensato.

– Estou muito, muito desapontada com você – disse Yoko, me repreendendo na sala de estar depois que John colocou o rabo entre as pernas e se dirigiu direto para o quarto a fim de curar o porre com uma noite de sono. – Quantas vezes eu pedi que você não deixasse John beber álcool? Quantas vezes pedi que você não deixasse John sair do hotel? Por que me desobedeceu? Por que ignorou meus pedidos?

– Me desculpe, Yoko – falei, olhando para o chão e resistindo à tentação de argumentar que a situação foi inevitável e que, embora não concordasse com todas as decisões de John, ele ainda era um adulto que escapava ao meu controle. – Não vou cometer esse erro novamente.

No dia seguinte, John veio falar comigo, constrangido:

– Como foi com a Mãe?

– Ela está decepcionada comigo, por ter permitido tudo que aconteceu ontem à noite.

– Imaginei que ela fosse culpar você. Ela não me falou nada. Desculpa, Ellie.

Talvez não tenha sido coincidência que, logo depois daquela escapada, Yoko tenha decidido que estava na hora de voltarmos para os Estados Unidos. Os conselheiros ainda sugeriam que não era seguro para John voltar de avião de Tóquio direto para Nova York, mas Yoko encontrou uma alternativa astrologicamente aceitável. Ela voaria de Tóquio para Nova York, enquanto John e eu – junto com Sean e a babá – pegaríamos um voo para Hong Kong. Então a babá e Sean iriam de Hong Kong para Nova York, enquanto John e eu voltaríamos por uma rota mais tortuosa, viajando primeiro para Bangkok, depois para Dubai, então para Frankfurt, até chegarmos finalmente a Nova York cerca de dois dias depois.

John e Yoko sempre voavam na parte da frente do avião. Na verdade, não só compravam passagens na primeira classe para eles próprios como também adquiriam os assentos adjacentes, deixando-os vazios para que John não se visse sentado ao lado de um estranho, tendo que explicar por que os Beatles não voltavam a tocar juntos. Quando as aeronaves Boeing 747 de dois andares foram lançadas, não era incomum que eles esbanjassem, reservando todo o andar de cima. Foi o que fizeram a caminho do Japão, de modo que Sean pôde montar sua linha de trem de brinquedo e passar a viagem brincando no chão.

Em certo sentido, os dois eram viajantes muito diferentes. Yoko era do tipo que fazia 25 malas, sem deixar nada que quisesse para trás. John, por outro lado, se orgulhava de ser capaz de carregar tudo que fosse essencial para dar a volta ao mundo em uma só maleta executiva. Ele adorava essas maletas e tinha dezenas delas, muitas das quais havia comprado de catálogos duty-free que encontrava no bolso de trás dos assentos dos aviões. Quanto aos detalhes do itinerário, quando e para onde voar, John deixava essas decisões inteiramente nas mãos da esposa e dos conselheiros dela, mesmo que isso significasse ser desviado por caminhos alternativos ao redor do mundo durante dois dias. Nunca o ouvi reclamar sobre os planos de viagem tortuosos de Yoko.

Às vezes havia contratempos. Por exemplo, embora tudo tivesse corrido bem com nossos voos para Hong Kong e Dubai, John e eu tivemos alguns problemas em Frankfurt, na Alemanha. Era a primeira viagem de John para aquele país desde 1966, e a segunda desde 1962, quando os Beatles tocaram no Star-Club, na célebre zona da luz vermelha em Hamburgo. Por algum motivo, o recepcionista do hotel do aeroporto não conseguia encontrar nossas reservas e, por mais que eu implorasse, não consegui convencê-lo a arranjar quartos para nós. Dei as más notícias para John, que estava "escondido" no lobby do hotel usando sua velha tática de disfarce que consistia em ficar olhando para a parede.

– Eles não têm quartos vagos – avisei.
– É claro que têm! – exclamou ele. – Eles sempre têm!

– Por que não tenta, então? Afinal, você é John Lennon. Se alguém pode conseguir um quarto pra gente, esse alguém é você.

– Não posso fazer isso. Não posso dizer: "Sou um beatle, arranje um quarto pra gente."

– John, está chovendo. Não podemos sair andando por Frankfurt na chuva a noite inteira.

John bufou e foi, com relutância, até a recepção para dar a cartada dos Beatles. Durante os minutos seguintes, fiquei observando John e o recepcionista conversarem, às vezes sorrirem e, em determinado momento, até darem risadas. Então, por algum motivo, John apontou para mim. O recepcionista olhou na minha direção, assentindo vigorosamente. Logo em seguida, John apareceu com duas chaves.

– Eu disse pra ele que você era Paul McCartney – comentou John. – Parece que deu certo.

E funcionou mesmo. Fiquei com uma suíte maravilhosa, com colchão de penas e uma sauna. Um pouco mais tarde, o gerente do hotel me enviou uma bandeja de aperitivos deliciosos e uma garrafa de vinho. A vida como Paul McCartney era claramente muito boa.

Então, na manhã seguinte, John estava à minha porta, parecendo cansado e infeliz.

– Não consegui dormir – falou ele. – Este lugar é uma espelunca. Me colocaram na porra de um closet.

– Como assim? Este hotel é ótimo!

John entrou na minha suíte, inspecionou as instalações luxuosas e ficou de queixo caído.

– Acho que o gerente gostou do fato de eu ter composto "Yesterday" – brinquei.

John não riu.

CERCA DE 12 HORAS DEPOIS, estávamos no andar de cima de um jumbo que aterrissava no Aeroporto Internacional John F. Kennedy. Depois de tanto tempo no Japão e tantas horas no ar, parecia meio surreal enfim pousar de volta nos Estados Unidos. Enquanto passava pela imigração, me ocorreu que aquele devia ser um momento especialmente prazeroso para John. O Japão tinha sido sua primeira viagem para o exterior desde que recebera o visto permanente para residir nos Estados Unidos. Pela primeira vez em anos, ele não precisava se preocupar em ser barrado na fronteira. Pelo contrário, ter seu passaporte carimbado no JFK pode muito bem ter sido o ponto alto de toda aquela viagem. O agente alfandegário examinou os documentos dele, sorriu e então disse as palavras que John ansiara ouvir por tanto tempo.

– Bem-vindo de volta, Sr. Lennon.

CATORZE

Edifício Dakota, 1979 a 1980

N ão sei como eles conseguiram. Eu nunca perguntei; eles nunca disseram. Mas, uma noite no final da década de 1970, enquanto relaxávamos e batíamos papo em nossos postos habituais no quarto – John e Yoko na cama, eu na cadeira de vime branca –, Yoko ergueu uma chave de latão antiga e sugeriu que a experimentássemos.

A chave destrancava o apartamento 71, que ficava na ponta oposta do corredor da residência de John e Yoko, de número 72, e era o único outro domicílio no sétimo andar do Edifício Dakota. Até onde qualquer pessoa conseguia se lembrar, o imóvel fora ocupado por uma senhora de idade que quase nunca abria a porta, nunca mostrava o rosto e nunca recebia visitas. Dessa maneira, era a vizinha perfeita para os Lennon. Apesar do seu perfil fantasmagórico, John e Yoko ficaram obcecados por adquirir o apartamento dela desde que se mudaram para o Dakota. Queriam o sétimo andar só para eles, um santuário particular no Upper West Side de Nova York, para afastar todo o risco de que alguém que eles não conheciam – ou que não tivesse sido liberado pelos numerólogos de Yoko – pegasse o elevador e aparecesse no oásis particular dos dois.

E então, milagre dos milagres – logo antes do Dia de Ação de Graças, se bem me lembro –, começaram a circular rumores de que a mulher estava finalmente disposta a vender. O apartamento ainda não tinha sido anunciado – tecnicamente, ainda não estava no mercado –, mas John e Yoko ficaram sabendo que a proprietária do 71 não estava em casa. Para onde ela tinha ido, e por quanto tempo, era impossível saber; eles só sabiam que, naquele exato momento, o apartamento dela estava vazio. Então, com Yoko à frente, segurando aquela chave obtida de forma misteriosa, nós três saímos do 72 e atravessamos o corredor quase na ponta dos pés para investigar o que havia por trás da porta sempre fechada do apartamento 71.

Quando Yoko abriu a porta, enxergamos apenas escuridão. John tateou a parede ao lado até encontrar um interruptor, que acendeu uma luminária de chão solitária na extremidade oposta do que se mostrou uma sala de estar ampla, com painéis de madeira escura. Estranhamente, quase não havia móveis ali – apenas três poltronas estofadas junto a uma lareira, dispostas ao redor de uma mesa de centro de madeira simples, além de uma ou outra peça de mobília aleatória. Ou a mulher já havia começado a se mudar, ou tinha vivido de forma incrivelmente despojada por todas aquelas décadas.

Avançamos pouco a pouco naquela moradia inexplorada, absorvendo o pé-direito muito alto e as fileiras de janelas com cortinas pesadas, tentando calcular de cabeça o tamanho do apartamento – meu palpite era cerca de 280 metros quadrados, um pouco menor do que o 72 –, até que nos vimos diante das poltronas junto à lareira. Yoko se sentou primeiro. John e eu a imitamos.

– É importante que a mulher nos venda este apartamento – anunciou Yoko enquanto remexia dentro da bolsinha que havia trazido.

– Bom, então por que não fazer uma proposta? – sugeri.

– Antes de fazer uma proposta, precisamos descobrir a melhor abordagem – prosseguiu Yoko, dispondo sobre a mesa de centro o conteúdo da bolsa: uma vela, alguns cristais e um baralho de cartas de tarô. – Ela não nos conhece. Então, temos que encontrar uma maneira de fazer com que ela *queira* vender o apartamento para nós. Senão acabará vendendo para qualquer um que faça uma proposta melhor, ou talvez o deixe para algum parente.

– E como pretende fazer isso? – perguntei.

John também parecia curioso.

– Vou mostrar – falou Yoko.

Ela acendeu a vela, esfregou os cristais entre os dedos por alguns instantes, então passou vários minutos virando cartas, estudando-as intensamente. John e eu observamos em silêncio, hipnotizados por seus rituais místicos. Por fim, Yoko fechou os olhos, respirou fundo e soprou a vela.

– Já está feito, Mãe? – perguntou John.

– Sim – disse ela, juntando as cartas e os cristais. – Está feito.

Fomos embora, apagando a luz e trancando a porta ao sair.

Duas semanas depois, eu estava em casa, em Laurel Canyon, quando a luz vermelha começou a piscar.

– Já falou com a Mãe? – perguntou John quando atendi o telefone.

– Não, por quê?

– Conseguimos o 71!

– Sério? Como?

– Foi a magia, Ellie. A magia da Mãe!

E pode muito bem ter sido mesmo. Ou então Yoko fez uma proposta irrecusável – o que era outro tipo de magia –, mas, seja como for, os Lennon tinham enfim o sétimo andar só para eles.

No início, John e Yoko deixaram o apartamento basicamente da mesma maneira que nós o encontramos quando fomos fazer nossa visita de reconhecimento. Com exceção de um jukebox Wurlitzer clássico, com arco colorido, que Yoko certa vez tinha comprado como presente de aniversário para John, e o piano elétrico Yamaha que ela também lhe dera, os dois pouco acrescentaram ao apartamento – até cerca de um ano depois, ou seja, na noite de ano-novo em que os anos 1970 se tornaram anos 1980. Foi quando John transformou o apartamento 71, por apenas uma noite, no "Club Dakota", o lugar mais exclusivo – e fascinante – de toda a vida noturna da cidade de Nova York.

Já voltarei a esse evento extraordinário, do tipo que só acontece uma vez na vida. Mas, primeiro, direi algumas palavras sobre as festas de fim de ano no Edifício Dakota – provavelmente o prédio mais dickensiano em Manhattan –, que eram por si só ocasiões memoráveis.

Como já deixei mais do que claro, John e Yoko não eram pessoas religiosas. Espiritualizadas, sem dúvida, mas de forma alguma crentes tradicionais. Mesmo assim, eles levavam o Natal a sério – se não como um dia sagrado, certamente como uma comemoração laica, sobretudo depois do nascimento de Sean. Sempre montavam uma árvore, por exemplo – enorme, em geral de 2,5 metros de altura, decorada de forma clássica, com bolas, luzes coloridas e festões, exatamente como em um cartão de Natal –, que ficava no ambiente junto à cozinha, na área de lazer de John e Yoko. Houve um ano em que Yoko chegou a adornar o imaculado salão branco com um ornamento natalino: um ramo de pinheiro solitário, sem enfeites, plantado com elegância em um vaso. Talvez tivesse sido sua maneira pós-moderna de desconstruir a árvore de Natal tradicional. Achei um pouco sutil demais, mas muito bonito mesmo assim.

Eles não costumavam organizar festas de Natal, mas recebiam pessoas, por assim dizer. Embora a lista de convidados fosse bastante limitada, às vezes trazia grandes surpresas. Lembro que Paul e Linda McCartney apareceram uma vez para o almoço de Natal. Eu não conhecia pessoalmente nenhum dos dois e não sabia que eles iriam – imaginei apenas que John, Yoko e eu passaríamos o dia sozinhos com Sean. Mas lá estavam os quatro – John, Paul, Yoko e Linda – reunidos pela primeira vez em anos.

Várias vezes me perguntei por que John e Yoko fizeram questão da minha presença naquele momento; eu tinha plena consciência da minha condição de penetra naquele encontro tão pessoal. Suponho que John e Yoko achassem que ter um estranho (para Paul e Linda) ali funcionaria como uma espécie de amortecedor, garantindo que todos se comportassem da melhor forma possível. Não sei, e nunca me dei ao trabalho de perguntar. Mas sem dúvida me senti grato por terem me incluído na experiência, por mais constrangedora e estranhamente decepcionante que tenha sido.

O almoço não aconteceu no Dakota; decidimos comer no Elaine's, que ficava na esquina da Rua 88 com a Segunda Avenida. Mas, primeiro, todos se encontraram no salão branco, onde Yoko e Linda logo se aproximaram e começaram a conversar. A princípio, Paul e John pareciam muito amigáveis. Parecia até que tinham se visto apenas um mês antes, como se pouco tempo tivesse passado desde a última vez.

Em seguida, descemos até o saguão e entramos no carro com o motorista de McCartney para percorrermos a cidade até o Upper East Side. Na época, o Elaine's era o coração pulsante da alta cultura de Nova York. Além de Woody Allen, que era praticamente o mascote não oficial do lugar, o restaurante era frequentado por celebridades intelectuais. Norman Mailer, Leonard Bernstein, Michael Caine, Jacqueline Onassis, Luciano Pavarotti, Elaine Stritch, Tom Wolfe, Mario Puzo, Gay Talese... Em qualquer dia, o estabelecimento tinha nova-iorquinos famosos o suficiente para encher um mural do célebre caricaturista Al Hirschfeld. Mas, até no meio de todos esses notáveis, John e Paul almoçando juntos com suas esposas era algo que chamava a atenção. Todos os olhos estavam virados para nossa mesa. Foi uma refeição bastante embaraçosa.

Além disso, com todo o respeito à falecida proprietária, Elaine Kaufman, a comida que ela servia era notoriamente intragável. De alguma maneira, o Elaine's era capaz de transformar um prato tão básico quanto frango à parmegiana em uma sopa pegajosa; o camarão-lagosta era tão passado que seria preciso um alicate hidráulico para separar a carne da casca. Depois de percorrer as letras minúsculas do cardápio, ninguém em nossa mesa conseguiu encontrar algo que quisesse se arriscar a pedir.

– Sabem de uma coisa – sugeriu finalmente Linda –, tem uma pizzaria ótima não muito longe daqui. Será que eles não entregam no Elaine's?

Senti que isso seria uma falta de etiqueta tremenda – mas também tinha quase certeza de que Elaine nunca expulsaria John, Paul e suas respectivas esposas do seu restaurante sob hipótese alguma. Encontrei um telefone público nos fundos e pedi duas pizzas. Elas foram entregues na cozinha, onde foram retiradas das caixas de papelão e dispostas nas bandejas do restaurante.

Depois do almoço, voltamos ao Dakota, onde eu esperava que a conversa fosse ficar um pouco mais animada. Yoko e Linda se separaram de nós por alguns momentos para bater papo – todo mundo sabia que as duas se davam bem, talvez por partilharem a experiência de serem casadas com um beatle – enquanto John e Paul pararam diante das janelas que davam para o Central Park, observando o céu da tarde assumir um tom esbranquiçado pálido sobre Manhattan. Eles permaneceram em silêncio por longos minutos, até que o constrangimento os forçou a tentar iniciar uma conversa.

– Anda fazendo música? – perguntou Paul.

– Bom, sabe como é, toco algumas coisas pra mim, mas não estou trabalhando em nada. Música não é o que mais me motiva agora. Minha prioridade é o bebê. E você?

– Ah, estou sempre gravando. Eu não conseguiria viver sem música.

Então, como que por encanto, ambos voltaram a cair em silêncio.

Parecia que aqueles dois monstros sagrados do rock'n'roll, homens que durante a juventude tinham definido o *zeitgeist* dos anos 1960 – que inspiraram toda uma geração e redirecionaram o próprio futuro da música – estavam agora, apenas uma década depois, com dificuldade para encontrar o que dizer um ao outro.

Parte de mim achou isso triste. Por outro lado, o que eu poderia esperar? Até melhores amigos de infância acabam por tomar rumos diferentes na vida. O nome disso é crescer. Agora, eles eram simplesmente dois velhos camaradas que já não tinham mais tanto em comum. Era irracional presumir que o simples fato de estarem no mesmo recinto de alguma forma reacenderia a chama da genialidade e da energia da parceria criativa inicial entre John e Paul.

Ainda assim, na caminhada de volta até o Plaza naquela noite, enquanto passava pelas luzes de Natal cintilantes e ouvia as melodias natalinas tocando nos poucos restaurantes e bares ainda abertos, não pude deixar de pensar que aquele poderia ter sido um dia histórico.

– Anda fazendo música? – perguntaria Paul.

E John poderia ter respondido algo como:

– Não, mas meu violão está logo ali. Vamos fazer uma canção agora...

Só Deus sabe que tipo de clássico poderia ter sido criado por Lennon e McCartney naquela tarde.

É CLARO QUE, ACIMA de tudo, John e Yoko eram pais novamente, por isso o Natal para eles, como para a maioria das mães e pais, envolvia em grande parte comprar presentes para o filho. Ao contrário da maioria das famílias, no entanto, John e Yoko gozavam de recursos quase ilimitados, então fazer compras de Natal com os Lennon era, de certa forma, uma experiência única. Por exemplo, poucos pais teriam influência suficiente para manter a FAO Schwarz aberta depois do expediente na véspera de Natal para um surto de compras de última hora.

A loja principal da FAO Schwarz na Quinta Avenida com a Rua 58 já fechou as portas há anos, mas no seu auge era uma das grandes maravilhas comerciais de Manhattan, o Taj Mahal das lojas de brinquedos. Na entrada, um pelotão de recepcionistas vestidos como soldadinhos de madeira, com coletes vermelhos com botões de latão e chapéus felpudos de pele de urso, montavam guarda para dar as boas-vindas aos visitantes e ajudar clientes a depositarem suas sacolas nos táxis. Lá dentro, todas as bonecas, marionetes, jogos e aparelhos eletrônicos que você pudesse imaginar não só estavam empilhados em pequenas montanhas nos mostruários como a loja os deixava à disposição dos clientes. Assim, as crianças (e os adultos) podiam experimentar uma possível compra antes mesmo de levá-la para casa. Com uma loja dessas, quem precisava de Papai Noel?

John, é claro, não podia entrar à vontade na FAO Schwarz, muito menos na véspera de Natal, quando tinha gente saindo pelo ladrão. Mas houve um ano, quando Sean ainda nem andava, em que John pediu que eu ligasse para a loja e perguntasse se poderiam abrir só para ele por uma ou duas horas, para que comprasse alguns presentes. Como era de se esperar, a gerência não gostou muito da ideia. Fechar as portas no meio da temporada de vendas mais concorrida do ano para que uma celebridade – mesmo um ex-beatle – pudesse comprar alguns milhares de dólares em presentes não era uma jogada comercial muito inteligente. Mas eles permitiriam que John entrasse na loja depois do expediente.

Por acaso eu estava em Nova York naquele Natal e fui com John à excursão pela FAO Schwarz no final do expediente. John tinha 38 anos na época, mas, no minuto em que pisou na loja, rejuvenesceu umas três décadas. Ele literalmente virou criança de novo.

Como parte da decoração, havia uma linha de trem gigante suspensa percorrendo toda a loja – devia ter uns 50 metros de comprimento –, com locomotivas grandes e robustas seguindo a todo vapor pelos trilhos.

– Aquilo! Vamos comprar aquilo! – exclamou John no segundo em que a viu.

– E onde você montaria isso? – indaguei. – Na sala de jantar?

– Ok – concordou ele, frustrado. – Talvez aquilo não.

John teve uma infância complicada depois de ter sido abandonado pelo pai, praticamente criado pela tia e perdido a mãe na adolescência. Imagino que os Natais dele em Liverpool não tenham sido lá muito felizes. Então, agora adulto, ele estava determinado a compensar isso, e não só pelo filho, mas por si mesmo. John acabou comprando trinta ou quarenta brinquedos na FAO Schwarz, todos supostamente para Sean, mas coisas que no fim das contas interessavam mais a ele: aparelhos eletrônicos e jogos para os quais o filho ainda era novo demais, mas que ainda assim seriam aproveitados por horas a fio. John garantiria isso.

Por maior que tivesse sido a compra, aqueles presentes eram apenas uma fração do que Sean encontraria à sua espera na manhã de Natal. Nos dias e semanas anteriores, inúmeros pacotes chegaram para Sean de todas as partes do mundo, à medida que os amigos de John e Yoko mandavam presentes ao pequeno Lennon. Devia haver, literalmente, pelo menos duzentos embrulhos coloridos, enfeitados com fitas e laços e arrumados embaixo da árvore de Natal da família, todos com o nome de Sean.

Na casa dos Lennon, por sinal, a manhã de Natal começava exatamente um minuto depois da meia-noite. John e Yoko acordavam Sean, o levavam até a árvore e o deixavam rasgar os presentes. Testemunhei várias dessas ocasiões, e a cena sempre me fazia pensar em um tornado, com papel de presente e cartões voando por toda a parte. Eu tentava manter o registro de quem tinha enviado o que para Sean, a fim de mandar mensagens de agradecimento para as pessoas certas. Mas era uma tarefa inglória, e eu acabava jogando a toalha e deixando o caos se desenrolar naturalmente.

Alguns presentes eram absurdamente impróprios para a idade da criança. Elton John certa vez enviou uma motocicleta; Sean era pequeno demais até mesmo para conseguir se sentar nela. Muitas pessoas enviavam bichinhos de pelúcia, que não lhe despertavam o menor interesse; ele os deixava totalmente de lado. Sean pareceu gostar do kit de química que alguém enviara, embora, de novo, ainda fosse jovem demais para misturar minerais e ácidos. O presente pelo qual ele pareceu se sentir mais atraído, curiosamente, foi um conjunto de cristais. Foi um dos poucos presentes que ele levou para o quarto e manteve ao pé da cama. Tal mãe, tal filho.

John e Yoko também trocavam presentes, é claro. Alguns eram o tipo de coisa que pessoas ricas compravam uma para a outra. Uma vez, Yoko comprou para John um relógio de pulso da Cartier. Ele comprou para ela um colar de diamantes, a única joia que a vi usar na vida; Yoko não costumava usar ornamentos. Às vezes, no entanto, eles podiam ser bastante criativos quando o assunto era dar presentes, sobretudo John. Certa vez, ele pediu minha ajuda para gravar uma fita cassete como presente para Yoko. John se sentou ao piano branco, com um gravador ao lado, e tocou "Stardust" enquanto, por insistência dele, eu cantava a letra ao microfone

– embora, para ser sincero, "cantar" seja uma palavra muito generosa para descrever o que saiu da minha boca. Cantar não é um dos meus poucos talentos. Quando John tocou a fita para Yoko, ele gravou a reação dela ao ouvir minha voz (que ficava aquém da de Willie Nelson, para dizer o mínimo) e depois me mostrou a gravação. Eu ouvi Yoko dizer algo como "Ah, meu Deus, não! Por favor, já chega!" seguido de sua gargalhada.

Mas, de longe, o melhor presente de Natal que John deu a Yoko – e também para mim – não foi algo que ele comprou em uma loja ou gravou em uma fita cassete. Foi um evento, uma ocasião fugaz da mais pura alegria, que ele orquestrou só para nós três durante as últimas horas de 31 de dezembro de 1979.

Poucos dias antes, John tinha me revelado seus planos. Ele queria transformar o recém-adquirido apartamento 71 em um clube privado. John não era grande fã da vida noturna – aglomerações eram problemáticas, por motivos óbvios –, mas apreciava o conceito de um espaço exclusivo, íntimo, algo como uma agremiação de velhos cavalheiros ingleses. Ele lera a respeito do santuário particular do blues de John Belushi e Dan Aykroyd em Chicago, e queria construir algo parecido bem ali, no sétimo andar do Dakota. Assim, pouco depois do Natal, fomos ao Lower East Side de Nova York, onde havia dezenas de lojas de segunda mão, e nos pusemos a comprar móveis e outras peças decorativas baratas – sofás fofos demais, coqueteleiras, flamingos cor-de-rosa em papelão – para transformar o apartamento 71 no que John já chamava de Club Dakota.

Depois de comprar a mobília, passamos algumas horas revirando lojas de discos em busca de vinis de 78 rotações para alimentar o jukebox clássico que Yoko dera para John. (Encontramos Dooley Wilson cantando "As Time Goes By", "Dream Lover", de Bobby Darin, "Please", de Bing Crosby, "Sally", de Gracie Fields, entre outros.) Em seguida, fomos à Canal Street e arranjamos fraques à moda antiga e luvas brancas para usar na noite de inauguração do Club Dakota, que John havia decidido marcar para a véspera de ano-novo. Tecnicamente, John e eu seríamos os únicos membros fundadores do clube, mas ele me instruiu a escrever um convite formal para Yoko, que eu lhe entregaria mais tarde em uma bandeja de prata. Yoko se tornaria membro "honorário", pois senão, como brincou John, ela imediatamente recorreria a artifícios sexuais para entrar para o clube.

Penso com frequência naquela noite, imaginando como melhor descrevê-la para os que não tiveram a sorte de estar lá (o que, é claro, seria todo o resto do mundo). E o que vem à minha mente é que foi como uma pausa repleta de alegria, como se estivéssemos suspensos em um globo de neve mágico. Na minha lembrança, era como se todos nos movêssemos em câmera lenta, deslizando por uma atmosfera enevoada. Nós três – Yoko em um elegante vestido de noite preto, John e eu parecendo dois pinguins ridículos em nossos fraques de cauda (que ele combinou com uma camiseta branca e a gravata da sua antiga escola em Liverpool) – dançamos e rimos (e fumamos) juntos, sem dar a mínima para o resto do mundo, o jukebox preenchendo a sala com gloriosas canções antigas dos anos 1940 e 1950. Tirei dúzias de fotos Polaroid deles naquela noite, mas, por alguma razão, nenhuma capturou a magia do momento.

E então, à meia-noite, nosso delírio foi interrompido pelos fogos de artifício. Ficamos na janela observando o horizonte do Central Park se acender com bolas incandescentes, chafarizes cintilantes e outras explosões aéreas. Eu nunca tinha visto algo tão bonito na vida. E nunca tinha visto John e Yoko mais felizes e apaixonados.

Foi uma daquelas coisas mais raras e preciosas da vida: um momento perfeito.

Também seria, por um capricho do destino, o último ano-novo de John. Ele estaria morto antes do ano seguinte.

QUINZE
Los Angeles e Edifício Dakota, 1980

— Você está bem?

Fiquei surpreso com a pergunta. Para começar, a pessoa que estava perguntando era a minha mãe, que tinha ligado para minha casa em Laurel Canyon do nosso antigo apartamento em Washington Heights. Não nos falávamos com frequência, certamente não àquela hora, por volta das oito da noite na Costa Oeste e onze no fuso dela. Ao contrário de mim, minha mãe não era uma criatura noturna.

– Estou, sim – respondi. – Por que pergunta isso?

– Bom, eu acabei de ouvir no rádio que houve um tiroteio naquele prédio da Rua 72 Oeste aonde você sempre vai. Não sabia se você estava em Nova York ou em Los Angeles. Só quis ter certeza de que estava tudo bem.

– Sim, estou bem – afirmei, mas de repente não estava mais.

Se uma rádio local estava reportando um tiroteio em Nova York, a vítima provavelmente seria alguém digno de notícia. E as pessoas mais dignas de notícia que eu conhecia na Rua 72 Oeste eram John e Yoko.

Desliguei o telefone às pressas e disquei imediatamente para o apartamento dos Lennon. Ninguém atendeu. Liguei para o escritório do Studio One, no primeiro piso do Dakota. Ninguém atendeu. Liguei para a recepção do Dakota. Ninguém atendeu. Liguei de novo para a recepção, e de novo, e de novo, até que finalmente alguém respondeu.

– Sim – foi tudo o que a pessoa disse. Não "alô", apenas "sim". Mas reconheci a voz do telefonista do Dakota.

– Aqui é Elliot Mintz – informei, pois ele sabia o meu nome. – Está tudo bem por aí?

Após alguns segundos de silêncio, ouvi o sinal de discagem. Ele tinha desligado na minha cara.

Comecei a entrar em pânico. Alguma coisa estava errada.

Liguei a TV. Era 1980, mais especificamente segunda-feira, 8 de dezembro de 1980, o ano de estreia da CNN, porém ainda levaria mais de uma década até termos as TVs a cabo com seus canais de notícias 24 horas. Tudo que encontrei foram um jogo de futebol americano e alguns seriados cômicos.

Tomei uma decisão impulsiva. Não foi muito racional, nem mesmo pensei nas consequências... mas algo me dizia que eu precisava ir a Nova York o mais rápido possível. Joguei algumas roupas em uma mala, desci o elevador até a rua, entrei no carro e dirigi para o Aeroporto Internacional de Los Angeles. Como muitas partes do meu velho Jaguar, o rádio não estava funcionando, então não fiquei sabendo de nada durante todo o trajeto. Quando cheguei, mal tive tempo de estacionar, correr até o balcão para comprar uma passagem e atravessar o portão de embarque antes que o último avião do dia – o voo noturno das dez horas – fechasse as portas. Mas cheguei a tempo e me instalei num assento bem na frente da aeronave, uma seção totalmente vazia, exceto por mim. O voo noturno de segunda-feira, afinal de contas, não era assim tão concorrido.

Depois que o avião decolou e recolheu o trem de pouso – e era tarde demais para mudar de ideia –, parte de mim começou a se perguntar se eu não teria agido de forma precipitada. Repassando mentalmente os fatos, percebi que eu não tinha informações concretas sobre o que estava acontecendo no Dakota. Minha mãe tinha ouvido no noticiário da rádio que houve um tiroteio na Rua 72 Oeste. Os Lennon não atenderam o telefone, nem ninguém nos escritórios. O telefonista do edifício tinha desligado na minha cara. Era isso. Era tudo que eu sabia com certeza. Seria o suficiente para eu sair correndo até o aeroporto e pegar o último voo para Nova York? Comecei a desconfiar que talvez tivesse exagerado.

Então vi a comissária sair da cabine do piloto, o rosto vermelho e borrado, a boca tremendo, lágrimas rolando. Em todos os anos que viajei de avião, eu nunca tinha visto coisa parecida. Enquanto ela atravessava o corredor hesitante, estendi a mão e toquei seu braço.

– Está tudo bem? – perguntei.

– Eles o mataram – respondeu ela, engolindo um soluço. – Assassinaram John Lennon.

Não sei como é possível, uma vez que estávamos viajando a 800 quilômetros por hora, mas de repente tudo ao meu redor pareceu congelar.

O termo psicológico para o que senti é "reação emocional atrasada". Por um longo momento, foi impossível processar o que tinha ouvido. Eu captei as palavras que a comissária disse, seu significado não poderia ter sido mais claro, mas minha rede neural parecia ter sofrido uma espécie de pane geral, desligando minha capacidade de compreensão. Entorpecido, endireitei a postura no assento, minha boca ligeiramente aberta, e encarei o assento à minha frente, esperando a mente reiniciar.

E então, como uma bomba detonada, o mais completo horror do que tinha acontecido explodiu na minha consciência.

– John está morto – sussurrei para mim mesmo.

Meu melhor amigo tinha partido. Meu coração disparou, eu comecei a hiperventilar. Literalmente me curvei de dor enquanto meu corpo inteiro absorvia o choque. Ainda bem que o avião estava vazio, assim ninguém poderia me ver.

Não sei por quanto tempo continuei ali sentado, encolhido em agonia, mas acabei recuperando pelo menos um pouco de compostura e avaliei a situação. Eu estava preso em um tubo de alumínio a 9 mil metros de altitude. As linhas aéreas ainda não tinham introduzido telefones nos aviões, e celulares pessoais eram raros, então não havia como eu me comunicar com alguém no solo. Por mais devastado que me sentisse, percebi que precisava organizar os pensamentos e planejar o que fazer quando o avião aterrissasse no JFK às seis da manhã. Eu sabia que a única coisa que não poderia fazer era aparecer no Dakota aos prantos. Isso não seria de nenhuma ajuda. Eu precisava me recompor, adiar meu luto e ser forte para Yoko e Sean.

Era mais fácil falar do que fazer. Durante as horas seguintes, enquanto eu cruzava o céu noturno, dei o máximo para absorver o inimaginável.

Eu tinha visto John poucas semanas antes, em Nova York; ele, Yoko e eu tínhamos virado a noite ouvindo o álbum que estavam prestes a lançar, *Double Fantasy*. Eles vinham trabalhando duro por meses no estúdio The Hit Factory, gravando as 14 canções – a maioria delas odes ao amor devocional, uma espécie de diálogo musical entre os dois – que viriam a compor o LP mais íntimo e, em certo sentido, mais apaixonado até então. Além disso, seria o último deles com John vivo, lançado poucas semanas antes da sua morte.

Visitei o estúdio três ou quatro vezes nas várias viagens que fiz a Nova York no verão de 1980 e fiquei impressionado com a diferença gritante no ambiente, em comparação com as gravações turbulentas nas Spector Sessions de seis anos antes, em Los Angeles. Todos foram de um profissionalismo impecável. Álcool e drogas eram proibidos no estúdio. Nada de junk food: Yoko cuidava para que sushi fresco fosse entregue na hora das refeições e disponibilizava sementes de gergelim e outros aperitivos naturais e saudáveis (a única exceção eram as latas de biscoitos doces às quais John não conseguia resistir). Lembro que havia uma grande foto de Sean, então com 5 anos, colada em um monitor de vídeo sobre a mesa de mixagem de som. Havia também uma pequena antessala toda branca, perto da área de audição, em que um assistente chamado Toshi preparava e servia chá. Yoko a decorara como se recriasse em miniatura o salão branco do apartamento deles no Dakota. Uma casa de alguns metros quadrados fora de casa.

Os dois nunca me pareceram mais felizes ou em melhor forma. John tinha começado a nadar e estava esbelto e definido como um atleta – sem a ajuda de injeções para queimar gordura. Yoko era de uma serenidade radiante, mais em paz com o mundo do que eu jamais pensei que fosse vê-la.

Por acaso, eu estava em Nova York naquela noite de novembro, quando a primeira demo do álbum foi entregue. Eles me convidaram para ir ao apartamento para uma audição improvisada do *Double Fantasy*. Os dois se deitaram na cama com a cabeça pousada nos travesseiros – os alto-falantes do sistema estéreo surpreendentemente medíocre de John estavam atrás deles, sobre a lareira – enquanto eu me sentei ao pé do colchão. Ouvimos o álbum duas vezes.

– Então, o que você *não* gostou nele? – indagou John no final.

Eu simplesmente sorri. Era um trabalho lindo, extraordinário, diferente de tudo o que os dois tinham gravado antes e sem dúvida diferente de tudo o que John havia gravado como beatle.

– Vou precisar de um bom tempo para elaborar uma resposta – falei para ele. – Não consigo pensar em nada que não adore nele.

Por volta das duas da manhã, depois de conversarmos mais um pouco, notei que os dois estavam ficando cansados, então me levantei e me despedi. John me acompanhou até a porta.

– Vai pegar um táxi até o Plaza? – perguntou ele.

– Acho que prefiro ir andando.

– Não esquece – alertou ele –, anda sempre no lado da calçada onde ficam os porteiros. Nada de andar no lado da rua que dá para o parque.

– John, eu cresci em Nova York. Sei como andar na cidade.

Ao longo das semanas seguintes, John e eu conversamos ao telefone quatro ou cinco vezes, talvez mais, porém aquela foi a última vez em que o vi em carne e osso, à porta de seu apartamento no Dakota, onde ele se mostrou preocupado com a *minha* segurança na exata rua na qual logo seria assassinado.

Quando meu avião aterrissou no JFK, a primeira coisa que fiz foi procurar um telefone público e ligar para o escritório de John e Yoko no Dakota. Dessa vez, fui atendido e falei com Richie de Palma, gerente administrativo do Studio One, que me soou previsivelmente perturbado e exausto. Ele me deu alguns detalhes sobre o ocorrido; naquele momento, eles não sabiam muito e, para ser franco, eu não estava pronto para ouvir muito mais. Contei que estava saindo do aeroporto e que chegaria lá em menos de uma hora.

– Tem uma multidão aqui – avisou ele. – Vou esperar em frente ao prédio para ajudar você a entrar.

Havia mesmo um monte de gente. Quando cheguei ao Dakota, por volta das 7h30, pelo menos 5 mil pessoas tinham se reunido na Rua 72, e mais apareciam a cada minuto. Muitas levaram aparelhos de som portáteis e tocavam canções de John Lennon e dos Beatles, enquanto centenas cantavam junto. Outras deixavam flores junto aos imponentes portões de ferro do Dakota. Algumas tinham feito cartazes, que erguiam no ar como se estivessem em um protesto. Um deles dizia, apropriadamente: "POR QUÊ?"

Vi Richie atrás das barricadas que ergueram diante do edifício, e ele acenou para mim. Tentei abrir caminho através da multidão, sem conseguir avançar muito, até que, a pedido de Richie, dois policiais foram me ajudar a atravessar o cordão de segurança. De repente, dei de cara com a cena do crime, que ainda não tinha sido limpa: havia sangue na calçada – o sangue de John –, assim como cacos de vidro de uma janela estilhaçada por uma das balas. Por um instante, me lembrei da noite em que vi o corpo sem vida de Sal Mineo sob uma lona amarela em frente ao prédio dele em West Hollywood. Não pude evitar o pensamento de que pelo menos desta vez eu tinha sido poupado de ver algo idêntico. Tinha sérias dúvidas de que seria capaz de suportar aquilo de novo.

Fui de elevador até o sétimo andar e bati à porta do apartamento 72, ainda protegido pelos sinos tibetanos que pendiam da maçaneta. A governanta de longa data dos Lennon, Masako, me recebeu. Os olhos dela estavam inchados de chorar.

– Yoko-san no quarto – informou ela. – Porta trancada.

Segui o caminho habitual pelo corredor até o quarto, onde passara tantas horas conversando com John e Yoko. Parei junto à porta trancada e aguardei um instante, pensando no que fazer em seguida. Estava muito apreensivo, mas também aliviado por ter recuperado a compostura o suficiente para não me debulhar em lágrimas quando Yoko abrisse a porta. Eu pretendia não reagir, e sim estar atento às necessidades dela. Respirei fundo outra vez e bati de leve à porta.

– Yoko, é Elliot – anunciei baixinho. – Estarei aqui fora até você estar pronta para me ver. Não vou sair daqui.

Sentei-me no corredor e esperei. Imaginei que permaneceria ali por horas, dias, se necessário. Mas, depois de apenas cinco minutos, ouvi o clique do trinco e a porta se entreabriu. Eu me levantei e espiei para dentro do quarto, iluminado pela TV de tela grande, que mostrava imagens ao vivo do exterior do Dakota. Yoko estava assistindo àquilo, sem volume, havia sabe-se lá quanto tempo. Embora as janelas estivessem fechadas e as persianas baixadas, eu conseguia ouvir a música que tocava sete andares abaixo. O som dos fãs enlutados na rua, cantando as letras de John, encheria o apartamento por dias a fio.

Parada junto à cama, de pijama de seda e quimono, Yoko parecia incrivelmente frágil. Eu me aproximei e a abracei com delicadeza. Ela tocou meu rosto, então engatinhou de volta para a cama, enfiando-se debaixo das cobertas. Foi tudo muito estranho. Eu nunca havia estado naquele quarto somente com Yoko: John e ela sempre estiveram ali juntos. Era o quarto do casal, o ninho deles. Mas John... não estava lá. Yoko parecia devastada, vazia, perdida.

– Posso fazer algo por você? – perguntei a ela.

– Não há nada que alguém possa fazer – respondeu Yoko, fraca.

– Já comeu? Posso trazer uma xícara de chá?

– Elliot, sua presença me conforta. Não precisa dizer nem fazer nada.

Então eu não disse nem fiz nada. Fiquei sentado no meu lugar de sempre, a cadeira de vime branca, assistindo às imagens que passavam na TV. Era um pouco estranho estar dentro do prédio que estava na tela, saber que as câmeras que transmitiam as imagens da multidão lá fora estavam a apenas 100 metros de distância. Tive o cuidado de verificar se as cortinas estavam bem fechadas, temendo que algum fotógrafo com uma teleobjetiva – ou, Deus me livre, alguém com intenções ainda mais nefastas – estivesse à espreita em um apartamento vizinho.

Meus olhos correram pelo quarto por algum tempo, acabando por pousar sobre a mesa de cabeceira de John, onde notei uma pilha de livros – eram os que John estava lendo naqueles que seriam seus últimos dias. Era uma seleção eclética, para dizer o mínimo, que ia desde *O segundo sexo*, de Simone de Beauvoir, passando por *Sugar Blues: o gosto amargo do açúcar*, de William Dufty, até *The Anatomy of Swearing* [A anatomia do xingar], de Ashley Montagu, e *Your Child's Teeth: A Parent's Guide to Making and Keeping Them Perfect* [Os dentes do seu filho: um guia para pais sobre como deixá-los e mantê-los perfeitos], de Stephen J. Moss. Havia também um exemplar de *Mind Games*, o inovador manual de treinamento para o cérebro de Robert Masters e Jean Houston, assim como *The Dream Game*, de Ann Faraday. Lancei um olhar para o outro lado da cama e vi o material de leitura de Yoko, uma seleção de títulos similarmente variada e fascinante.

Então, de repente, minha atenção foi atraída de volta para a televisão. Pela primeira vez, uma foto do suspeito apareceu na tela. Yoko se sentou e olhou fixo para a foto do atirador; ela parecia ao mesmo tempo fascinada e enojada, além de profundamente confusa, ao ver o rosto do homem que, poucas horas antes, havia assassinado seu marido. Estudei os olhos dela enquanto Yoko estudava os do homem. Parecia buscar algo na foto, sem dúvida a mesma coisa que todos em volta do Dakota, e ao redor do mundo, estavam buscando naquele dia horrível e doloroso. Ela buscava a resposta para a pergunta naquele cartaz que alguém brandia na multidão lá fora: "POR QUÊ?"

As semanas seguintes foram um turbilhão. Passei boa parte do tempo no primeiro piso, com uma equipe de quatro ou cinco funcionários no Studio One, atendendo uma enxurrada interminável de telefonemas. Assim que uma das cinco luzes se apagava no aparelho, outra se acendia, indicando mais uma chamada. Muitas eram de jornalistas. Obviamente, todos queriam falar com Yoko, mas isso estava fora de questão. A última coisa de que ela precisava era ter que responder a um monte de perguntas diante dos microfones. A única exceção que ela abriu foi um breve vídeo gravado para Barbara Walters, a quem era impossível dizer não, mesmo nas piores circunstâncias.

Mas nem *todas* as ligações eram da imprensa. Em algum momento, logo nos primeiros dias, uma assistente estendeu o telefone para mim.

– Ele está dizendo que é Ringo Starr – sussurrou ela, tapando o receptor com a palma da mão.

Peguei o aparelho. No fim das contas, era *mesmo* Ringo, ligando de um telefone público. Ele queria, com sua então namorada (agora esposa), Barbara, transmitir suas condolências a Yoko. Interfonei para ela, e ela aceitou receber Ringo. Com a multidão aumentando lá fora, levá-los para dentro do Dakota sem que fossem vistos era uma tarefa complexa. Acabei esgueirando-os por uma porta dos fundos do prédio e subindo até o sétimo andar em um velho elevador de carga movido a manivela.

– Sei exatamente como você está se sentindo – falou Ringo para Yoko quando ela recebeu a ele e Barbara em seu quarto.

– Não, não sabe – replicou Yoko –, mas agradeço por estarem aqui.

Yoko acabaria por me pedir que servisse de porta-voz oficial do patrimônio dos Lennon – até me pagou um pequeno ordenado –, mas naquele momento eu não tinha uma função ou um cargo oficial. Apenas fazia o que precisava ser feito, e às vezes o que precisava ser feito era a última coisa que eu esperava.

Certa noite, um ou dois dias depois do assassinato de John, voltei ao apartamento 72 depois de atender chamadas no primeiro piso e encontrei Julian Lennon sentado sozinho na cozinha. Ele estava com 17 anos e tinha viajado sozinho de avião de Londres. (Mais tarde me contou que o voo estava cheio de passageiros lendo jornais com manchetes sobre o assassinato do seu pai.) John e Julian haviam restaurado um pouco de seu relacionamento distante, mas Julian ainda era um estranho na família Lennon. Apesar do reencontro na Califórnia, pai e filho tiveram dificuldades para conviver nos anos seguintes. Julian mal se relacionava com Yoko e com Sean, seu irmão bem mais novo.

– Pode cuidar de Julian? – pediu Yoko para mim quando entrei no quarto. Ela continuava debaixo das cobertas, parecendo encolher um pouco mais a cada dia. – É tão deprimente aqui… Leve Julian para passear por Nova York, mostre alguns lugares diferentes, mas tome cuidado para ele não ser fotografado.

Ela me pediu isso em parte pelo bem de Julian, mas também como um gesto de misericórdia consigo mesma. Yoko não estava em condições de lidar com o luto do filho adolescente de John; mal conseguia lidar com o luto do próprio filho. Sean evocava tantas lembranças de John que ela achava doloroso estar no mesmo ambiente que ele, então o menino e sua babá foram despachados para a casa de férias dos Lennon na Flórida. Achei um pouco estranha a ideia de levar Julian para fazer turismo e, a julgar pela expressão intrigada dele quando mencionei a ideia, ele pensava o mesmo. Mesmo assim, passamos um dia juntos visitando os principais pontos turísticos de Manhattan, culminado em uma ida ao mirante no topo do World Trade Center, o que acabou se mostrando um dos poucos momentos agradáveis naquele dia que, no geral, foi de insuportável tristeza. Ao menos por alguns instantes, Julian pôde se distrair um pouco.

A tristeza foi ficando cada vez mais esmagadora com os passar dos dias e das semanas, assim como a atmosfera de medo e apreensão no interior do Dakota. A maioria das famílias comuns tem o privilégio da solidão em momentos de crise, mas os Lennon sempre tinham sido tudo menos comuns. O assassinato de John fez o mundo concentrar toda sua atenção em Yoko. O santuário particular do sétimo andar do Dakota, antes um casulo para ela e o marido, estava agora devassado. Não apenas a sensação de segurança e proteção de Yoko tinha se despedaçado, apesar dos policiais do lado de fora e dos seguranças particulares musculosos ali dentro; também não havia o menor resquício de privacidade. Ou sequer de decência.

O corpo de John tinha sido transportado secretamente até os subúrbios de Westchester para ser cremado. Soubemos mais tarde que um oportunista inescrupuloso no necrotério tinha fotografado o cadáver e vendido a foto para o *New York Post* (que a publicou, em preto e branco, na primeira página) e para o *National Enquirer* (que a publicou, em cores). Fomos informados de que a pessoa que tirou a foto recebera 10 mil dólares pela imagem, o que lhe dá a "honra" macabra de ter sido a primeira a lucrar com a morte de John. Mas não seria, de forma alguma, a última.

Uma das funções que assumi durante aquele período foi a de ler os sacos e mais sacos de cartas ameaçadoras que não paravam de chegar ao Studio One. John tivera, como é óbvio, um impacto extremamente positivo em milhões de fãs – ao longo daqueles dias, cerca de 200 mil deles se reuniram no Central Park para celebrar sua memória na área que logo seria rebatizada de "Strawberry Fields". No entanto, entre essas pessoas havia um pequeno subgrupo de indivíduos muito perturbados. A morte de John parecia ter despertado neles uma fúria tóxica. Passei horas separando as correspondências de ódio – que incluíam um "fã-clube" perverso dedicado ao assassino, cujas cartas normalmente eram assinadas com a mensagem "Morte a Ono" – em pilhas distintas, de acordo com o grau de ameaça. As mais preocupantes eram entregues à polícia para investigação e compartilhadas com os seguranças privados, que começaram a afixar os nomes e as descrições dos remetentes em um quadro de informações no Studio One. Os seguranças também imploraram aos funcionários do Dakota que os alertassem caso algum dos suspeitos fosse visto perto do edifício. O quadro não demorou a ficar lotado.

Os guarda-costas patrulhavam constantemente a residência. (Yoko gastou mais de 1 milhão de dólares em segurança particular no primeiro ano após o assassinato de John.) Eu sempre esbarrava com eles na cozinha, homens grandes, com braços musculosos, todos policiais à paisana, vestindo paletós que mal cobriam seus coldres de ombro protuberantes. Era impossível não notar a ironia: aquela casa, construída sobre as bases da paz e do amor, aquele refúgio de amizade e harmonia, agora estava repleta de armas. Em determinado momento, até eu passei a portar uma. Yoko me pedira ajuda para ficar protegida, sobretudo nos raros momentos de troca de turno ou quando os guarda-costas estavam presos no trânsito. Assim, pedi permissão às autoridades para portar uma arma oculta – o que não era fácil na cidade de Nova York, mesmo em 1980 – e passei a carregar comigo um revólver calibre .38 de cano curto em um coldre de tornozelo.

Também me deram um colete à prova de balas, mas era tão volumoso e desconfortável que eu quase nunca o usava. Uma das poucas vezes que me lembro de tê-lo vestido por iniciativa própria foi quando um homem que se enquadrava na descrição de um dos membros do fã-clube das cartas de ódio foi visto na rua em frente ao Dakota. Foi um daqueles momentos em que não havia guarda-costas disponíveis, então acabei me prontificando a investigar o suspeito. Era um rapaz alto, jovem, de aparência inofensiva. Eu me aproximei dele com cautela e lhe perguntei as horas. Quando ele ergueu o punho para conferir o relógio, notei debaixo do paletó dele o que parecia ser a coronha de uma arma despontando sob o cinto. Voltei depressa ao saguão do Dakota e liguei para a polícia. Eles chegaram minutos depois, o pressionaram contra uma parede, descobriram que ele tinha de fato uma arma e o enxotaram dali.

Porém, quase tão chocantes e perturbadores quanto os perigos que rondavam o exterior do Dakota eram aqueles à espreita dentro do edifício. Infelizmente, e para sua tristeza, Yoko descobriria ao longo dos meses seguintes que estava cercada de traidores. Alguns dos seus maiores confidentes estavam secretamente – e às vezes nem tão secretamente – tramando contra ela.

Para começar, temos John Green, o "Oráculo", como John o apelidara, o cartomante preferido de Yoko. Pouco depois da morte de John, Green começou a aplicar um golpe em um dos lofts de propriedade de Yoko no centro da cidade, cobrando ingressos ao público que quisesse ver as artes e os discos de acetato dos Beatles que Yoko armazenava ali – em uma espécie de Museu John Lennon particular –, até que Yoko ficou sabendo e pôs fim àquilo. Mais tarde, Green publicaria um livro de memórias, *Dakota Days* [Dias no Dakota], em que descreveria Yoko como uma neurótica que havia destruído o talento de Lennon.

Houve também um segurança, ex-agente do FBI, chamado Doug Mac-Dougall, em quem Yoko chegara a confiar o suficiente para proteger Sean.

Quando ele se demitiu após um incidente em um parquinho – Yoko o repreendeu por ter perdido Sean de vista –, MacDougall me telefonou para informar que tinha algumas das antigas cartas de amor de John para Yoko, bem como alguns dos óculos dele, e que devolveria os itens assim que Yoko lhe pagasse alguns milhares de dólares, o que chamou de "salário atrasado". Ela concordou, fez um cheque e me enviou para entregá-lo e recuperar os artigos roubados.

Mas o pior de todos, a cobra mais venenosa no ninho de víboras do Dakota, foi um assistente chamado Fred Seaman. Fred não era um funcionário qualquer do Studio One; era um assistente de confiança que, naquele mesmo ano, tinha acompanhado John em uma viagem até as Bermudas – uma viagem em que John compôs muitas das canções para *Double Fantasy*. Por incrível que pareça, quase imediatamente depois do assassinato, Seaman começou a contrabandear sacolas cheias de documentos particulares dos escritórios e das residências dos Lennon – incluindo cinco diários pessoais que John mantinha escondidos debaixo da cama –, levando-os até o apartamento de seu cúmplice, Robert Rosen, como parte de um esquema que chamaram de "Projeto Walrus". Eles planejavam usar o material roubado para escrever um livro "revelador" sobre John, em que Seaman se mostraria como o verdadeiro discípulo de Lennon – a pessoa que melhor o conhecia, melhor até do que a própria Yoko. Na verdade, era uma fraude descarada para ganhar dinheiro: "Lennon morto = grana certa", como escreveu Seaman em um de seus próprios diários.

Levou meses, e exigiu inclusive a intervenção do promotor público de Manhattan, mas acabamos reavendo os diários. Seaman, por sua vez, se declarou culpado de furto qualificado. (Um dos pontos altos da minha vida foi ter redigido a confissão de Seaman.)

Como era de se esperar, o impacto de tudo isso em Yoko foi insuportável. Como se perder o marido não fosse devastador o suficiente, ela também se viu cercada de oportunistas. A quem poderia recorrer? Em quem poderia acreditar? Por algum tempo, ela buscou consolo na companhia de seu amigo e designer de interiores Sam Havadtoy, que não só se mudara para o Dakota como também passara a dividir um quarto com Yoko – não aquele em que ela dormia com John, mas outro na residência para a qual ela havia se mudado pouco depois do assassinato. Muitos membros da sua equipe ficaram intrigados com isso, e não apenas por ter acontecido logo depois da morte de John. Embora Havadtoy sem dúvida fosse charmoso, parecesse querer apenas o bem de Yoko e fosse ótimo com Sean, ele era gay. Havia deixado o namorado, um cabeleireiro chamado Luciano Sparacino, para ir morar com Yoko. Será que ele e Yoko eram amantes? Eu não saberia dizer. Só eles saberiam.

Apesar do relacionamento com Sam – qualquer que fosse a categoria em que se enquadrasse –, Yoko ficava cada vez mais desconfiada de quase todos ao seu redor. Era compreensível, acho eu, levando em conta as circunstâncias. Mas isso tornou a vida no Dakota, antes tão tranquila, parecida com um romance de Kafka ou um thriller de Kubrick: uma casa de espelhos sombria, repleta de suspeita, paranoia e gaslighting.

– Por que isso está acontecendo comigo? – indagou Yoko certa vez, angustiada pela sucessão de traições. – O que eu fiz para merecer isso?

Eu não tinha respostas. Porque não havia nenhuma.

Não sei se um dia Yoko suspeitou de mim – ela nunca disse nada que indicasse isso –, mas eu não ficaria surpreso. Em certo momento, todos ao seu redor se tornaram suspeitos. No entanto, me lembro de uma ocasião em que Yoko e eu chegamos muito perto de ter uma discussão séria, a primeira e única vez em nossa amizade que perdi a paciência com ela.

Soubemos que Albert Goldman pretendia lançar um livro sobre John. Goldman era um jornalista respeitado – um antigo repórter da revista *Life* que havia se tornado biógrafo de celebridades –, mas também era uma grande ameaça. Ele escrevera best-sellers devastadores sobre Elvis e Lenny Bruce, por isso não havia motivo para crer que pegaria leve com John e Yoko. Pelo contrário – sabíamos que Goldman vinha conversando com Luciano, o ex-namorado de Havadtoy, e com outras pessoas que não eram exatamente fãs de Yoko. Claramente, o que estava por vir seria uma bomba.

Assim que foi publicado, nossas suspeitas se confirmaram. Foi o retrato mais devastador que alguém poderia imaginar... e se tornou um best-seller instantâneo.

Implorei a Yoko que me deixasse fazer uma entrevista na rádio com ela e Sean a fim de dissipar pelo menos alguns dos boatos mais absurdos que vinham sendo espalhados sobre a família Lennon, como o de que a imagem de "marido e pai dedicado" de John não passava de um golpe de relações públicas; que ele era abusivo com Yoko e Sean (que certa vez supostamente dera um chute no filho que o fizera voar pelo quarto); e que era um recluso drogado, possivelmente esquizofrênico e cliente assíduo de prostitutas tailandesas – além de outras mentiras perversas.

– Nunca pedi que você comentasse sobre nenhum dos outros livros, mas este não podemos ignorar – argumentei.

Yoko pensou por um momento, então respondeu:

– Vou perguntar aos meus conselheiros – respondeu ela, referindo-se à sua equipe de cartomantes e numerólogos.

Eu nunca demonstrara ceticismo em relação às crenças de Yoko – afinal, eu também tinha algumas próprias –, mas o que estava em jogo depois da morte de John era muito mais sério. Por mais valiosos que pudessem ter sido para Yoko, não me parecia mais fazer sentido dar aos conselheiros místicos tanto poder, ainda mais considerando que o histórico deles não fora exatamente infalível. Então, pela primeira vez, eu me opus.

– Yoko, preciso perguntar uma coisa. Se esses conselheiros são tão bons quanto você acredita, por que nenhum deles previu o que ia acontecer com John? Por que não avisaram nada? Como podem ter deixado isso passar?

A resposta de Yoko me deixou perplexo.

– Elliot, como você sabe que não fui avisada? Alguma vez você me perguntou se houve algum alerta?

– Bom, não, eu simplesmente presumi que...

– Não, não use essa palavra – interveio ela. – Você sabe que não gosto dela.

– Está bem – falei, me esforçando ao máximo para não perder a compostura. – Então vou perguntar agora: algum dos seus conselheiros alertou você de que John estava em perigo?

– Sim – respondeu ela. – Fui informada de que ele corria perigo em Nova York e que deveria tirá-lo daqui. Foi por isso que insisti na viagem para as Bermudas, a fim de que se inspirasse para compor as canções do *Double Fantasy*. Isso é até verdade, mas não toda a verdade. Eu também queria que ele saísse de Manhattan. Mas eu não conseguiria mantê-lo longe para sempre. Ele teria que voltar em algum momento.

Eu estava sem palavras.

– Escute, Elliot – prosseguiu Yoko –, você sabe o que John pensava sobre a própria segurança. Conversamos sobre isso à mesa da cozinha, quando seu amigo foi morto. John falou: "Se alguém quiser te pegar, vai te pegar." Não importava o que meus conselheiros dissessem. Ele não queria guarda-costas, não suportava a presença deles. Ele queria ser livre. Ele amava a liberdade. O que mais eu poderia fazer?

EPÍLOGO
Edifício Dakota, 1981

Encontrei outro par de óculos de John. Com este, são 27. Acrescento-os ao inventário, junto com os outros pertences – as selfies em Polaroid, o traje dos Beatles no armário, os cadernos cheios de desenhos e anotações –, enquanto continuo minha busca pelos apartamentos do Dakota e os depósitos no porão, que mais parecem uma masmorra. Há momentos durante essa escavação deprimente dos bens do meu falecido amigo, essa catalogação sinistra do espólio material de John, em que me sinto mais sozinho e perdido do que nunca.

É um trabalho brutal, pavoroso, e mesmo assim me dedico a ele de corpo e alma.

Posso não ter plena consciência disso, mas suspeito que um dos motivos pelos quais mergulho de maneira tão intensa nesta e em todas as outras tarefas de que Yoko me incumbiu – separar as correspondências de ódio, lidar com a imprensa, trabalhar com a equipe de segurança e os conselheiros espirituais – seja a esperança de que isso me distraia da tristeza que me corrói por dentro. Se eu me fechar para o luto – se preencher cada segundo com alguma atividade, por mais difícil e mórbida que seja –, talvez consiga afastar a dor.

Não funciona. Ao revirar cada gaveta e vasculhar cada armário de John, é inevitável encontrar objetos que me levam diretamente para o passado, evocando memórias que partem meu coração.

Em uma caixa de papelão, encontro um velho disco de acetato de *Some Time in New York City* e sou transportado de volta a Ojai, ao momento em que conheci John e Yoko pessoalmente. Lembro como eles estavam entusiasmados quando me presentearam o álbum recém-concluído... e como riram no dia seguinte, quando contei que fora demitido por tocá-lo no meu programa de rádio.

Em uma gaveta, encontrei um saco cheio de fotografias antigas, incluindo um registro de mim e John na praia em Big Sur, com um baseado gordo nas mãos, antes de nos enfiarmos todos de volta na Dragon Wagon e seguirmos a toda velocidade pela Pacific Coast Highway até São Francisco, com "The Loco-Motion", de Little Eva, no volume máximo do aparelho de som portátil bizarro de John.

Em uma pilha de roupas no porão, encontro o fraque bolorento que John vestiu com uma camiseta branca e uma gravata da sua antiga escola em Liverpool apenas um ano antes, na noite de inauguração (e encerramento) do Club Dakota. Os flamingos em papelão que compramos para o evento estão largados em um canto, resquícios de um ano-novo mágico que passamos dentro do nosso globo de neve encantado particular.

E então, enquanto vasculho outro quarto, esbarro com algo que me faz perder o fôlego. É um envelope guardado em uma pasta marrom grande, de aparência inofensiva, que encontro dentro de um arquivo de aço preto meio escondido sob uma pilha de luminárias e estátuas art déco e um órgão de fole velho que Allen Ginsberg devia ter esquecido durante uma visita ao Dakota. O envelope está selado, mas noto pelo endereço manuscrito que é a caligrafia de John, que obviamente nunca chegou a enviar a carta.

O nome do destinatário é "Elliot Mintz".

Fico olhando para o envelope por um bom tempo.

Estou curioso quanto ao conteúdo, é claro – na verdade, estou extremamente intrigado –, mas algo me impede de abri-lo. Se John quisesse que eu lesse a carta, penso, ele a teria enviado – ou, mais provavelmente, pedido a um assistente para enviá-la –, em vez de guardá-la.

Mas tenho um enigma para resolver – e talvez, apenas talvez, haja pistas dentro do envelope.

Agora que ele partiu, tenho pensado muito sobre meu relacionamento com John, assim como com Yoko (de quem permaneci próximo desde então) e no quanto os dois significaram para mim. Mas também, para ser franco, no quanto eles exigiram de mim. Tenho feito a pergunta que me assombrará pelo restante dos meus dias: valeu a pena ter abdicado de tanto por John e Yoko? Parafraseando o último verso de "The End", dos Beatles: no fim das contas, o amor que eles receberam é igual ao amor que deram?

Outra pergunta me atormenta, que também carregarei pelo resto da vida: dos 3 bilhões de pessoas vivas no planeta no início da década de 1970, por que cargas-d'água John e Yoko decidiram ser amigos de um jovem radialista de Laurel Canyon? Por que fizeram deste ex-gago e insone crônico seu confidente mais próximo e confiável?

Por que *eu*?

Tenho uma teoria.

"John se decepciona com a maioria das pessoas que conhece", alertou Yoko certa vez, e acho que agora sei por quê.

Quase todos que conheciam John e Yoko os enxergavam como "John e Yoko", o casal mais famoso da história do rock. Eles eram semideuses da cultura pop, ícones de carne e osso, o ex-beatle de óculos coloridos e sua esposa artista de vanguarda. A maioria das pessoas tinha dificuldade em vê-los para além disso.

Mas eu não. Meu trabalho entrevistando celebridades tinha me deixado imune à fama, praticamente incapaz de me deslumbrar, por isso conseguia enxergar John e Yoko sem qualquer filtro. Eu estava, é claro, ciente da eminência deles, e sempre respeitei suas conquistas e seu status como artistas únicos, mas, para mim, eles eram acima de tudo seres humanos, tão cheios de defeitos e complexos quanto o restante de nós. E acho que John e Yoko gostavam disso em mim. Acho que pode ter sido o que os atraiu, o fato de poderem ser eles mesmos comigo. Como deuses do rock'n'roll, eles estavam cercados de adoradores. Um amigo de verdade era muito mais difícil de encontrar. De alguma forma, eles intuíram corretamente que eu seria um verdadeiro amigo.

É claro, se eu não tivesse pegado o álbum *Fly* de Yoko daquela pilha de lançamentos em setembro de 1971 e ligado para ela para marcar a primeira entrevista, jamais teríamos nos tornado amigos. Aquele momento selou meu destino, me enviou para um caminho que acabaria por definir minha vida.

Isso me leva a outra pergunta: e se eu tivesse feito uma escolha diferente – se tivesse pegado outro álbum daquela pilha, que tipo de vida teria vivido? Será que teria me casado e constituído a minha própria família?

Ou será que teria tido uma vida mais pacata, talvez como DJ, trabalhando por anos a fio em uma pequena rádio local, tocando clássicos para um punhado de ouvintes noturnos no meio do nada? Esse também poderia ter sido o meu destino.

Tomei as decisões que me pareceram certas na época – escolhas que às vezes pareceram impossíveis e difíceis. Mas também houve momentos de muita alegria: a primeira viagem pela costa da Califórnia para "entrar pro circo", a visita ao Japão, comer sopa de tartaruga direto do casco, me sentar ao lado de John ao piano enquanto ele tocava "Imagine", conhecer Sean e sentir que eu tinha finalmente encontrado uma família de verdade...

Se eu teria feito algo diferente? Na época, eu não poderia prever que John seria roubado de mim aos 40 anos de idade; esperava sinceramente que nós três envelhecêssemos juntos. Em retrospecto, tive sorte por ter compartilhado nove anos com aqueles dois seres extraordinários.

Então, encaro mais um pouco o envelope não enviado de John, pensando sobre o que poderia haver ali dentro, e o devolvo ao arquivo.

Decido não abrir. Assim, nossa conversa nunca vai terminar.

QUARENTA E UM ANOS DEPOIS da morte de John, eu me vejo na Hollywood Boulevard assistindo à estreia do documentário de Peter Jackson, *Get Back*, sobre as sessões de gravação de *Let It Be*. Sentado ali, ao lado de Julian, Sean e Charlotte, namorada de Sean, sinto uma onda de emoção incrível e não contenho as lágrimas ao rever o rosto de John, restaurado e aprimorado digitalmente de tal forma que ele – e Yoko – pareça quase exatamente como era cinquenta anos atrás.

Penso em todos os anos que se passaram desde a morte de John. Mesmo depois daqueles primeiros, porém incrivelmente intensos, meses e anos, Yoko e eu mantivemos uma conversa quase constante, ininterrupta. Yoko precisou ainda mais de mim depois da morte de John, e eu também me tornei funcionário dela, bem como o porta-voz oficial do legado da família.

Sean também passou a fazer mais parte da minha vida. Mesmo nos seus primeiros dias, antes de Sean andar ou falar, eu conseguia ver o amor incrível que existia entre os três. Quando ele começou a falar e ficou mais independente, comecei a gostar dele pela pessoa que estava se tornando. À medida que ele crescia, eu me sentia cada vez mais parte daquela família. Lembro-me de me sentar no quarto de hóspedes com Julian e Sean, os dois tocando e rindo, e meu coração se encher de alegria. Era o tipo de interação e amor que eu nunca conseguira ter com a minha própria família. Vivi alguns dos momentos mais felizes da minha vida no Dakota, com John, Yoko e Sean.

Naquela noite, enquanto olho para Sean, rindo, conversando, recordando, percebo algo: embora as semelhanças com o pai dele sejam óbvias, é importante para mim resistir ao impulso de pensar em Sean como um pequeno John Lennon. Preciso dissociar meu relacionamento com ele do relacionamento que tive com seu pai. Não fazer isso seria um desserviço para com Sean. Sempre tive consciência disso, mas não queria dar importância demais ao fato – ainda que, em vários sentidos, Sean tenha se tornado a personificação do pai. Ele tem se dedicado a continuar a missão de John, e o faz sem chamar qualquer atenção. E, o que é mais importante, nenhuma mãe jamais teve um filho que cuidasse dela com tanta atenção, carinho e presença. É uma inspiração contínua.

Quanto a Yoko, ela me diria, mesmo hoje, que não é uma pessoa muito sentimental. Todos os anos, ela me mandava cartões de Natal e me dava presentes. Lembro quando Yoko me enviou uma obra de arte original de sua autoria: uma caixa de vidro contendo uma chave de vidro. Poucas semanas depois, houve um terremoto e a chave se quebrou. Quando contei a ela, Yoko disse:

– Não se preocupe.

Dias depois, ela me enviou uma chave nova com um bilhete: "Mantenha a chave antiga lá dentro, mesmo quebrada. Mas deixe esta por perto."

Enquanto escrevo isso, lembro que, pouco depois da minha primeira entrevista com John, ele me contou sobre uma exposição de que ele e Yoko iriam participar em Syracuse, Nova York, no Everson Museum. Pedi que ele contasse mais sobre a exposição. Ele disse:

– Yoko está fazendo uma série em que pede a amigos nossos que encontrem algo, algo físico, que represente sua essência, e nos enviem, para que Yoko possa exibir como parte da obra.

Eu respondi:

– Se eu tivesse tempo, editaria um áudio e mandaria a fita para vocês incluírem na exposição.

Ele ficou empolgadíssimo.

– Você deveria fazer isso. Você tem que participar. Consegue mandar até amanhã?

Mas não havia como enviar algo assim tão rápido naquela época, então eu nunca cheguei a contribuir.

Talvez seja por isso que estou escrevendo este livro agora: são minhas fitas de áudio transcritas, fragmentos da obra de arte maior e inesquecível que foram e são as vidas de John e Yoko. Frágil e imperfeita, mas é uma contribuição que faço do fundo do meu coração, como parte da conversa que eu também queria que continuasse para sempre.

AGRADECIMENTOS

Como é de se esperar, escrever um livro é um desafio que requer uma equipe aparentemente infinita de pessoas para transformar uma ideia ou, no meu caso, uma vida de experiências em algo adequado para ser apreciado pelo público. Tenho muitas pessoas a agradecer por seu trabalho em pôr *John, Yoko e eu* no papel e compartilhá-lo com o mundo.

Minha agente, Erin Malone, da WME, que defendeu de forma incansável este livro desde o primeiro momento. Minha editora, Jill Schwartzman, cujas paciência sem fim e atenção meticulosa deram vida a ele. Ben Svetkey, que me ajudou a navegar por minhas memórias e a costurá-las em uma narrativa coesa. A equipe da Dutton: John Parsley, Alice Dalrymple, Sarah Thegeby, Amanda Walker, Stephanie Cooper, Charlotte Peters, Erika Semprun, Lorie Pagnozzi, Kristin del Rosario e Vi-An Nguyen. Os talentosos editores de texto e revisores David Chesanow, Katie Hurley e Kate Griggs. Meu extraordinário editor no Reino Unido, Bill Scott-Kerr, bem como a equipe da Transworld, incluindo Nicole Witmer, Sally Wray, Cat Hillerton, Louis Patel, Hannah Winter, Rosie Ainsworth, Holly McElroy e Phil Lord.

Karla Merrifield, a arquivista do Studio One. A Lennon Estate, responsável pelo patrimônio dos Lennon, Jared Geller e Jonas Herbsman, cujo conhecimento e gentileza viabilizaram este projeto.

Chip Madinger e Madeline Bocaro, cujas leituras atentas e conhecimento profundo de tudo que envolve John e Yoko foram inestimáveis.

Diana Fitzgerald, minha amiga e advogada de longa data.

O restaurante Fabrocini's e Dale Gresch, sem os quais eu teria morrido de fome enquanto escrevia este livro.

Stephen Peebles, Simon Hilton, Scott Raile, Farshad Arbabi, Katherine Pegova, Jimmy Steinfeldt, Connor Monahan, Bob Gruen, Lee Stapleton e a Srta. Saimaru.

E, é claro, Sean, Yoko e John, cujo impacto em minha vida foi maior do que eu jamais poderia expressar.

CONHEÇA ALGUNS DESTAQUES DE NOSSO CATÁLOGO

- Augusto Cury: Você é insubstituível (2,8 milhões de livros vendidos), Nunca desista de seus sonhos (2,7 milhões de livros vendidos) e O médico da emoção
- Dale Carnegie: Como fazer amigos e influenciar pessoas (16 milhões de livros vendidos) e Como evitar preocupações e começar a viver
- Brené Brown: A coragem de ser imperfeito – Como aceitar a própria vulnerabilidade e vencer a vergonha (900 mil livros vendidos)
- T. Harv Eker: Os segredos da mente milionária (3 milhões de livros vendidos)
- Gustavo Cerbasi: Casais inteligentes enriquecem juntos (1,2 milhão de livros vendidos) e Como organizar sua vida financeira
- Greg McKeown: Essencialismo – A disciplinada busca por menos (700 mil livros vendidos) e Sem esforço – Torne mais fácil o que é mais importante
- Haemin Sunim: As coisas que você só vê quando desacelera (700 mil livros vendidos) e Amor pelas coisas imperfeitas
- Ana Claudia Quintana Arantes: A morte é um dia que vale a pena viver (650 mil livros vendidos) e Pra vida toda valer a pena viver
- Ichiro Kishimi e Fumitake Koga: A coragem de não agradar – Como se libertar da opinião dos outros (350 mil livros vendidos)
- Simon Sinek: Comece pelo porquê (350 mil livros vendidos) e O jogo infinito
- Robert B. Cialdini: As armas da persuasão (500 mil livros vendidos)
- Eckhart Tolle: O poder do agora (1,2 milhão de livros vendidos)
- Edith Eva Eger: A bailarina de Auschwitz (600 mil livros vendidos)
- Cristina Núñez Pereira e Rafael R. Valcárcel: Emocionário – Um guia lúdico para lidar com as emoções (800 mil livros vendidos)
- Nizan Guanaes e Arthur Guerra: Você aguenta ser feliz? – Como cuidar da saúde mental e física para ter qualidade de vida
- Suhas Kshirsagar: Mude seus horários, mude sua vida – Como usar o relógio biológico para perder peso, reduzir o estresse e ter mais saúde e energia

sextante.com.br